孩子最爱看的法律故事 初中篇

我们班的"棋王"

最高人民检察院 / 策划

王振友 / 著

中国检察出版社

图书在版编目（CIP）数据

我们班的"棋王"/ 王振友著 . — 北京：中国检察出版社，2020.12

ISBN 978-7-5102-2450-8

Ⅰ . ①我… Ⅱ . ①王… Ⅲ . ①法律课—初中—课外读物 Ⅳ . ① G634.263

中国版本图书馆 CIP 数据核字（2020）第 097838 号

我们班的"棋王"

王振友 著

出版发行：	中国检察出版社
社 址：	北京市石景山区香山南路 109 号（100144）
网 址：	中国检察出版社（www.zgjccbs.com）
编辑电话：	（010）86423703
发行电话：	（010）86423726　86423727　86423728
	（010）86423730　86423732
经 销：	新华书店
印 刷：	北京联合互通彩色印刷有限公司
开 本：	880mm × 1230mm　32 开
印 张：	7.75
字 数：	97 千字
版 次：	2020 年 12 月第一版　2020 年 12 月第一次印刷
书 号：	ISBN 978-7-5102-2450-8
定 价：	30.00 元

前言

未成年人朋友，你们的生活充满温暖的阳光，你们的成长伴随欢快的笑声，你们的脸庞展露天真的模样。父母关心着你们，师长关怀着你们，社会关注着你们，因为你们是我们大家的宝贝！

但是，生活并不总是阳光灿烂、和风细雨，违法犯罪就像天空中偶尔飘过的阴霾，给一些未成年人本应亮丽的人生投下几分暗影。有的未成年人因冲动去伤害他人，

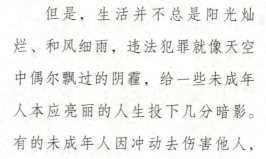

因好奇而窃取财物，因义气而结伙打架，在懵懂间违法犯罪，受到法律的严厉制裁。有的未成年人则成为违法犯罪行为的受害者，稚嫩的身心受到深深的伤害。无论是违法犯罪还是受到不法侵害，这些未成年人都是不幸的，让人感到惋惜和心疼。

为了减少这些不幸的发生，需要大家了解一定的法律知识，树立法治意识！法律在我们每个人身边，既是规范我们行为的标准，也是保护我们权利的武器。在开始成熟的花季里，你们要学法、守法，拒绝实施或参与各种违法犯罪活动；你们要知法、用法，增强保护自己的能力。

我们是检察官，是未成年人的朋友，保护大家是我们的职责。今天，我们把与未成年人有关的法律知识、自护技巧汇编成这样一本本小书，把法律送进校园，送到你的身边，希望对你有所帮助，伴随你长大成人！

最高人民检察院第九检察厅

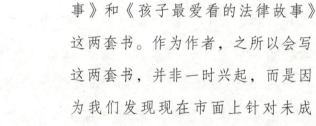

给小读者的寄语

　　亲爱的小读者们，非常高兴你们能看到《孩子最爱看的安全故事》和《孩子最爱看的法律故事》这两套书。作为作者，之所以会写这两套书，并非一时兴起，而是因为我们发现现在市面上针对未成年人小读者们的普法书籍实在是太少，偶有一些，也往往流于形式，且多偏于生硬说教，直接影响了小读者们对法律知识的探究热情。那么，能否把理性复杂的法律知识和安全知识写得生动有趣，让小读者们不忍释卷呢？在这种想法的激励下，围绕"铁三角"——小灵通（马勇凌）、门墩儿（孟家栋）、竹子（安雨竹）展开的，将安全知识和法律知识融入学校、生活的故事丛书就诞生了。

《孩子最爱看的安全故事》和《孩子最爱看的法律故事》两套书各分为小学、初中和高中三个阶段。安全故事用"铁三角"经历的一系列紧急或危险事件，让小读者们在环环相扣的故事情节中，形成自我保护意识，学会预防侵害措施和及时自救方法。法律故事用"铁三角"身边发生的法律问题，将与未成年人息息相关的法律常识巧妙地融入生活，为小读者们打开了解法律的一扇窗。如果你是个有探索精神和求知欲的小读者，我们还精心准备了"检察官提示"和"法条链接"等拓展知识，以及日语和围棋等趣味知识。

发生在小灵通身边或搞笑或惊险的故事，一定会让你们轻轻松松爱上阅读，爱上法律。希望各位小读者们能够在这些贴近实际、妙趣横生的法律故事和安全故事中有所启迪，平安快乐度过每一天。

最后，感谢最高人民检察院第九检察厅（未成年人检察厅）对本书法律知识的专业审定，也感谢北京市海淀区建华实验学校王景彬同学从读者的角度提出的很好的建议。

王老师

2020 年初夏

目录

本书主要出场人物简介

马勇凌：本书男一号，绰号小灵通，14岁，初二。头脑聪明，性格比小学时更为成熟，脑袋爱短路的毛病有所改善，学习成绩依然不错。

孟家栋：本书男二号，绰号门墩儿，"铁三角"之一，14岁，小灵通的好朋友，同班同学。身材依旧魁梧健壮，成绩还是不太好。班级体育委员，在同学们中人缘很好。

安雨竹：本书女一号，"铁三角"之一，昵称竹子，14岁，小灵通的好朋友，同班同学。学习成绩优秀。

爸爸：大名马识途，职业是检察官，担任市检察院刑检部门主任，检察业务过硬，工作繁忙。

叔叔：大名马千里，爸爸的双胞胎弟弟，俩人长得几乎一模一样，职业是特警。

妈妈：大名李蕾，职业是出版社编辑。性烈如火，嫉恶如仇。勤俭持家，是一位优秀的母亲和贤内助。

郑薇：女，28岁，小灵通的班主任兼政治老师，是一位优秀的教师，在管理班级方面极为擅长。

龚爱佳：绰号小魔女，女孩，14岁，来自日本，生性顽皮，活泼好动。

叶雨阁：昵称格格，女孩，14岁，小灵通的同班同学，班长。学习成绩优秀，性格早熟，班级的中坚人物。

胡一波：绰号广播，男孩，14岁，在本书中仍旧是班级诸多大道、小道消息的主要来源。

芈汉杰：男孩，17岁，围棋棋手，段位是职业三段。

芈浩然：男孩，14岁，芈汉杰的弟弟，小灵通的同班同学，和小灵通他们关系很好。

关兴：男孩，14岁，富二代，小灵通所在班级后进生之一，厌恶学习。

邢晨宇：男孩，14岁，小灵通所在班级后进生之一，总是违反班级纪律，让老师们头疼。

胡莘琳：女孩，14 岁，小灵通所在班级后进生之一，在同学们的帮助下，进步很大。

马小二：一只哈士奇，小灵通家的宠物犬，外形漂亮。

叔叔当着小灵通一家三口的面坦白了自己和郑老师的恋爱关系，郑老师刚一开始还有些忸怩不安，旋即恢复了落落大方的神情，只见她向爸爸妈妈微微鞠了一躬："二哥，嫂子，没想到千里会在今天突然公开我们的事情，初次登门，也没准备什么东西……"

　　爸爸妈妈忙说以后都是一家人，别客气，边说边用疑问的目光打量着叔叔。心说这位嫡亲弟弟居然把"潜伏"玩到自己家里来了，这保密工作做得可真好，哥嫂愣是没看出一点端倪来，再说他俩年龄差了将近一轮，平时工作生活也看不出有什么交集，怎么会……爸爸正要开口相询，却见叔叔主动开了口："二哥，嫂子，其实我和小薇已经认识很久了……"

原来叔叔跟郑老师初次相识，并不是在那次李代桃僵的家长会上，而是在十八年前。那时叔叔参加工作没多久，正是血气方刚的小伙子，枯燥的特警集训生活甫一结束，叔叔获得了短暂的自由活动时间，于是出去买些东西，中午在东城旧城区一条小胡同的小吃店里吃午饭。

正吃着，只见几个流里流气的家伙大大咧咧地走进来，一进门就扯着脖子呼喊着要保护费。老板娘满脸赔笑道："小店小本经营，能混饱肚子都不容易，哪有余钱交保护费啊？"

原来这些人是住在附近的几个胡同串子①，平日里素来游手好闲，好吃懒做。几个人结成拜把子兄弟，经常在一起偷鸡摸狗、坑蒙拐骗，有时候手

———————

① 北京方言，指的是无所事事，闲极无聊，整天在胡同里乱窜闲逛的社会青年，是个贬义词。

里实在缺钱，就勒索下老实本分的生意人。胆小怕事的一般都息事宁人，拿点钱打发这几位"瘟神"走。也有个别胆大的，当面和他们据理力争，或者直接拨110，几个流氓也往往无可奈何，说白了还是有贼心没贼胆，所以劣迹倒也不大。

老板娘当然听说过这几位，她胆子不大，可是又心疼自己辛辛苦苦攒的钱，心说自己不到三十就守寡，挣下这一丁点家底不容易，不能被胡乱糟蹋。于是，她打定主意今天只是赔好话，光天化日，谅他们不敢硬抢。

这几个人听老板娘只是一个劲儿说好话，心想在这里恐怕榨不出什么油水，可是又不甘心白跑一趟。这时一个喝了点酒的家伙突然眼前一亮，径自走到正在饭馆角落里面写作业的老板娘女儿面前，伸手打算抓这个女孩。小女孩一脸厌恶地甩开他的手，大眼睛里却掩饰不住害怕的神色。

老板娘大惊："这可使不得，她才十岁啊。"边说边跑过去用身体护住小女孩。喝酒的那个家伙并没有因为老板娘的阻止而放弃，又伸出肮脏的手向小女孩抓去，可手腕子被人一把抓住，他用力挣，只觉得自己的手腕像是被老虎钳钳住一样，一点儿也不能动，只能不停喊疼。

不用说，是叔叔看不过去，一把抓住了这只脏手。

检察官提示

见义勇为是指为保护国家、集体利益或者他人的人身、财产安全，不顾个人安危，与正在发生的违法犯罪作斗争或者抢险救灾的行为。从我国法学界的主流观点来看，见义勇为的法律特征主要有：

第一，见义勇为的主体是非负有法定职责或者义务的自然人。负有法定职责或者义务的主体，在履行法定职责或者义务时，不能称为见义勇为的主体。例如，警察抓小偷，就不能视为见义勇为。

第二，见义勇为所保护的客体，是国家、集体利益或者他人的人身、财产安全。公民为保护本人生命、财产安全，而与违法犯罪作斗争的行为，不能认定为见义勇为。

第三，见义勇为的主观方面，在于积极主动，不顾个人安危。

第四，见义勇为的客观方面，表现在国家、集体利益或者他人的人身、财产遭受正在进行的侵害的时候，义无反顾地与危害行为或者自然灾害进行斗争。

本章中，叔叔看到饭店的老板娘被人敲诈勒索，女儿被公开戏弄，便挺身而出，保护孤儿寡母的举动，是典型的见义勇为。

虽然我们的社会需要见义勇为的行为做表率，但是，我们在这里提醒各位小读者，**见义勇为是要建立在拥有解决问题的能力之上的**。比如，有人落水，你不会游泳，却见义勇为，下水去救人，显然是不明智的行为。由于小读者们普遍年龄较小，体力有限，因此，**我们主张中小学生想要见义勇为，遇到违法犯罪情形，可以紧急拨打 110 向警察叔叔求助。**

叔叔面带寒霜，气愤地说道："一帮大老爷们，光天化日，欺负人家孤儿寡母，英雄得紧哪。"

这帮人不甘示弱："呦，捡什么的都有，今儿个还头一回碰上捡揍的嘿。要不要到外边比试比试？"

也真奇怪，听到这句话，本来怒气满面的叔叔，脸上突然出现啼笑皆非的表情。

原来像叔叔这样的人，天天关起门来自己练，无聊得很，特喜欢有人来踢场子，俗称"手痒痒"。叔叔有个女同事，是个狙击手，枪法如神。有回去公园玩，突然动了枪瘾，就上打气球的地方玩了把气枪，本想练练手，结果叫人"剃了个光头"，一发都没打着靶心。为什么呢？那摊上的枪都是修过准星的，瞄得越准，打得越没谱。她是何许人也，一下就知道了其中的猫腻。于是，算算误差，不动声色，又买了一次票，回过头来枪枪十环。只见摆摊的人脸都绿了，再让她打下去就要赔死了，无奈只好磕头作揖，就差喊姑奶奶了。叔叔的女同事这才作罢，抱着大大小小的玩具熊、毛绒兔等奖品满载而归，回去每位同事一人分一个。

不过打气枪好说，那是合法的娱乐项目，要是叔叔无故和人打架，那就得开除。

叔叔本不想和他们发生肢体冲突，正打算劝说他们，找个和平解决的方法，没想到他们主动找上门来。只见有个家伙上前一步，伸手就抓叔叔的脖领子。叔叔一个"抱肘"，别住对方的臂肘，一耸一带，只听"嗖"的一声，这家伙一个倒栽葱，进了饭店门口的一个大水缸里面。

第二个家伙刚冲上来，看到同伙人影一闪就进了水缸，刚一愣神，叔叔一个漂亮的背摔就把这家伙扔出去了，后背摔在柏油马路上，"啪"的一声，摔得结结实实，可惜这位后背硬度不够，不然准能把柏油路砸出一坑来。

其他几个一看自己人吃了亏，立马发挥了小流氓的特长——打群架，几人吆喝一声，一拥而上，叔叔背靠一根电线杆，沉着应战。

店里老板娘看着几个人走了出去，怕叔叔吃亏，赶紧拨打了110，不一会儿，警察风驰电掣地赶到了现场，耳中只听得乱喊："别打了，别打了，要出人命了……"不过，可不是围观群众在喊，他们都看直眼了，喊的是那几个小流氓。警察分开人群进去，只见几个家伙躺在街上，东倒西歪，嘴里哎呀妈呀地乱喊。

事后，几个小流氓因为寻衅滋事，每人被拘留了十天。折了这次威风后，以后再也不敢到处扰民。叔叔回到单位才发现自己工作证不见了，也没把这事放在心上。

时间久了，叔叔经历了多少出生入死，早把这次的事给忘了。可是店里那个大眼睛的小女孩，一直希望能再见到她心目中的英雄呢。

所以，当郑老师将那本已经发黄的工作证递到叔叔手上时，叔叔纵使身经百战，也惊讶得不得了。"你就是那个小女孩？天哪，我说怎么家长会上，你上来就问我是不是叫马千里呢！"

郑老师笑着说："这个工作证，我十八年来看了无数次，你的模样早已深深地印入我的心底了。那天我一眼就认出了你，不过……我还是有一点点失落的……"

叔叔说："这个正常，我已经是一个快四十岁的老男人了，这张证件照多青葱啊。"

郑老师摇摇头说："我不是这个意思，我应该早就想到，你已经娶妻生子的。勇凌一看就是个聪明的孩子，那时，我都有点嫉妒你的'妻子'了。不过后来我才知道，勇凌只是你的侄子。"

说到这里，她顿了顿。"不知道马警官今晚可否赏脸吃顿饭，让我报答下当年的恩情呢？"说罢嫣然一笑，俏脸烟霞流转。

第二章

天下第一关

听完叔叔的讲述，小灵通在一旁满眼都冒着星星，感动得不行。

爸爸妈妈面面相觑，妈妈伸手掐了爸爸胳膊一把，"哎，我是在做梦吧，怎么一点都不疼呢？""哎哟！不是，我说你应该掐你自己才对吧？"爸爸无奈地说。然后，夫妻俩异口同声地问叔叔："然后你俩就在一起了？"

叔叔脸红到耳朵根，点了点头。看来即使是身经百战、谈笑间樯橹灰飞烟灭的叔叔，在爱情面前也手足无措，像个大男孩。

爸爸妈妈二人显然还有一肚子谜团没有解开，不过想想现在的情况，爸爸还是开口说道："天色不早了，千里，你送小薇回去吧。"心想叔叔明天就要去执行任务，两个人一定有很多话要说。叔叔点点头，凝视了爸爸一眼，仿佛在说别忘了刚才我拜托你们的事情，便与郑老师一起离去。

从阳台遥望着叔叔和郑老师的背影渐渐消失在茫茫的夜色里，小灵通一家的心情渐渐地平复下来，爸爸感慨说一直担心叔叔会单身一辈子，这下总算去了一块心病，大喜事啊。妈妈则打破砂锅问到底，郑老师也就是在那次家长会上见过叔叔一面，两人当时也没啥交流，她是怎么知道叔叔的住处和家庭情况的？

小灵通说："还不是我那蠢发小干的好事，他后来跟我说，那天他向郑老师汇报班费使用情况，郑老师漫不经心地问他为啥管叔叔喊师父。得，这家伙嘴没把门儿的，竹筒倒豆子，啥都说了。郑老师听到他说叔叔目前还是单身的时候，也没啥特别反应，就是不到四千块钱的班费，数了三五遍也没数明白。哎，那时我听过也就听过了，没想到还有这个渊源。"

爸爸妈妈说有道是千里姻缘一线牵，缘分这东西很奇妙的。爸爸又问小灵通刚才背诵的那首诗是咋回事？小灵通把叔叔陪他和门墩儿那晚上发生的事情简单说了一下。

"叔叔那首诗只写了前四句：'永明曾牧率宾马，鲸海遄征汉唐家。银甲艨冲逐海燕，金角湾深锁胡笳。'我第二天让竹子帮忙搜了一下资料，知道了海参崴原属唐朝时渤海国率宾府的永明城，此后历朝历代延续了下来。也就是说，这首诗前两句回忆这座古城的历史，第三、四句讲它威震海疆，是战略要地，叔叔并没有写完。第二天我帮郑老师写材料的时候，偶然发现她桌面一张卡片上写着四句诗：'圣人缘何无新旨，太平洋边自问答。天晴波高今又是，萍踪几度觅中华。'前两句写太平洋边的某个地方再也无法得到故国的讯息，后两句写此地遗民对中华故国的思念之情。我一琢磨，这不正好可以和叔叔的四句合并成一首完整的七律吗？原来是郑老师给叔叔写的续诗啊。今晚叔叔一开口，我马上就明白他说的是郑老师了。哎，我可真是个小机灵鬼儿啊。"小灵通娓娓道来。

"行啊，我家宝贝儿子可以啊。"妈妈情不自禁地发出了赞叹。爸爸笑着补充一句："那也不能骄傲啊。"

小灵通得意洋洋地说："那是，也不瞧瞧我爸爸妈妈是谁，遗传基因好，没办法。哼，要不是有人抠门买的劣质墙漆，我至于血铅中毒成绩下降，还被冤枉吗？哎哎哎，母上大人，我没别的意思，就是顺口那么一说，您别恼羞成怒啊……爸爸快救命……反对家庭暴力……やめろ[①]……"

第二天，妈妈请假带着小灵通去医院抽血检查

———

① 意为"停下、不要"。这里是说小灵通跟小魔女在一块时间长了，不知不觉学了几句日语。

身体，还碰上了竹子和赵阿姨，体检结果出来，俩孩子果然是血铅超标，妈妈悔不当初，两家人决定暂时搬回旧房，妈妈主动出钱重新粉刷了两家新房，虽说心疼得要命，但也是没办法的事情。

转眼到了暑假，不过初中生的暑假可比小学生的暑假事情多多了。学习有些吃力的同学，要抓紧时间上补习班补课，否则自己会被同学们落得越来越远。不上补习班的同学，也有不少课外辅导班、特长班要上。

这样算来，小灵通今年暑假是没大段时间回外公外婆那里去了，所以约好中秋节再去探望两位老人。虽说学习任务重，但暑假还是有连着三天左右没有任何安排的时间，小灵通突然有了一个好主意。

"哇，去山海关？那可是天下第一关哪。"竹子、门墩儿、格格、广播、芈浩然几个人听到小灵通的主意，发出了一声欢呼。"すごい①！"不用

---

① 意为"厉害"。

说，这是小魔女了。

其实说起来，这几个孩子离山海关近在咫尺，坐高铁也就两个多小时的车程，可是他们一直没合适的时间一起去看看祖国的大好河山。能抓住假期这么一个空档去旅游，怎能不心花怒放呢？

毫无疑问，这个主意遭到了家长们的集体反对，原因无外乎担心他们的安全。小灵通他们则尽力说服父母：自己总不能一直在父母的羽翼下生活，迟早要长大的，父母有时候可以适当放手，再说这次人多，而且去的地方很近，来回算上往返路程只要三天时间，不会有问题的。

几位小伙伴差点磨破了嘴皮子，最后家长们慢慢被他们说服了，同意了他们的请求。不过，家长们和他们约法三章：第一，全程手机要开机，每天早晚各联系一次，以确认安全；第二，旅馆事先在网上预订，要确保住宿安全；第三，光他们几个孩子去确实不太放心，但是要是跟一位家长过去，那么这次活动的意义就减少了，而且家长们也都没时间。作为妥协，这回活动由芈浩然的哥哥陪同，他虽然才十七岁，尚未成年，但是已经参加工作了，性格沉稳，家长们都对他放心。

检察官提示

目前，我国中学生利用假期结伴出游的情况非常常见，一来可以扩展眼界，二来可以增进友谊。在这里，我们提示大家，为了保证旅途安全，要注意以下几个方面：

第一，饮食方面。**旅游过程中注意不要太多地改变自己的饮食习惯，注意荤素搭配、多吃水果。**熟食要加热再吃，生冷食品、卤味食品要少吃。另外，各地都有一些"名吃"，大家要选择卫生合格的正规食品，而且注意不要吃过量。

第二，着装方面。**要及时掌握旅游目的地的天气情况。**如果是到南方温暖之地旅游，要备足轻巧衣物；如果是到相对较冷的北方旅游，则要准备防寒性好的衣物，以备不时之需。

第三，健康方面。旅游前应根据自己的年龄和体力，**合理选择旅游的地点和项目。应随身携带一些常用药和急救药**，如感冒药、晕车药、抗过敏药、肠胃药、去痛片等。旅游时不要过于劳累，最好定时起床和休息，特别是晚上不要玩得太晚。预防肠胃感染，多洗手是一个简单有效的方法。游玩过程中要量力而行，如果出现头晕、乏力、胸闷和心悸等症状，应立刻休息，必要时及时到医院就医。

临走前，爸爸还是有点不太放心，拿出小灵通的手机，把自己和妈妈的手机号设定为小灵通手机的紧急联系号码。

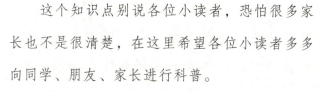

这个知识点别说各位小读者，恐怕很多家长也不是很清楚，在这里希望各位小读者多多向同学、朋友、家长进行科普。

市面上绝大部分智能手机（无论是 ios 系统还是安卓系统的，过老的款式除外），**连按五次关机键，即会自动跳转到 SOS 紧急联络界面，本界面可以通过事先设置的紧急联系号码，让其他人帮助拨打 110、119 和 120。**本情况适用于手机使用者面临危急时刻，无法自己拨打手机求助。这个提示非常有用，现在赶快去设置吧。

几天后，八个小伙伴一起踏上了旅途。在火车站集合的时候，几个孩子兴奋之情溢于言表，叽叽喳喳说个不停。长这么大，他们还是第一次离开师长的怀抱，自己出去"闯荡"，这种感觉太妙不可言了。

芈浩然向大家介绍了他哥哥芈汉杰，只见他个头不高，鼻梁上架了副大大的墨镜。他摘下墨镜，笑眯眯地向大家问好。虽然他不太爱说话，但大家都是同龄人，丝毫不觉得有什么隔阂。大家都好奇地问怎么芈汉杰这么早就参加工作了。芈浩然说："我哥哥初二就退学了，他是围棋职业选手，段位是职业三段，现在效力于一家围棋俱乐部，平时参加中国围棋甲级联赛和国内、国际各种围棋赛事，这段时间是他的休战期，他也借这机会出来透透气。"

芈汉杰点头说："天天下棋，感觉自己快下傻了，能和你们一起出去玩很开心。哦，对了，我经常攻读棋谱，眼睛不太好，怕光。所以在外面一般都戴着墨镜，请大家多谅解。"

格格不以为然，心说不就是个下棋的嘛。才念了初二就退学，八成是跟不上课程进度吧——后来她才知道，自己犯了个多么大的错误。

门墩儿好奇地问："你哥俩名字有特点啊，第二个字都带三点水。"芈汉杰说没错，算命的说他们俩都是五行缺水，所以名字必须带水。门墩儿若有所思地点点头。小灵通在一旁说："门墩儿你改名叫孟德栋吧，这样你的人生就圆满了。"

小伙伴们发出一阵哄笑，门墩儿半天才反应过来，扑上去捶小灵通。"好你个家伙，敢情拐着弯骂我五行缺德呢，是吧？"

伴随着一路的欢声笑语，小灵通他们到达了目的地——山海关。这座巍峨的雄关，作为明长城的东北关隘之一，素有中国长城"三大奇观之一""天下第一关"之称。小伙伴们在饱览祖国大好河山的同时，也拍了许多照片，以记录下这里的威武雄壮。

下午大家还去了附近的野生动物园游览，大家特别喜欢狗熊的参观区，因为它们已经习惯了每天"参观"游人，动不动就站起身来敬礼，向游人要吃的东西，逗得大家开心大笑。

晚上住宿的时候，小伙伴们跟家长们玩了个花活儿。大家只是把行李放在预订的宾馆，晚上租了个大帐篷，一起到海滩露营去了。海滩上露营的游客不少，而且附近经常有警察叔叔和三三两两的联防队员巡逻，安全还是没有任何问题的。

竹子平时在家就是个乖乖女，看到他们几个如此"胆大妄为"，悄悄地拉住小灵通的衣袖说这不太合适吧？小灵通说："难道我们一辈子都要按父母划定的轨迹走？在确保安全的情况下，小小叛逆一把也没关系。"一句话说得竹子暂时放下了心中的包袱。

格格很好奇，为什么芈汉杰根本不阻止，不是说他很沉稳吗？芈浩然嘴一撇："他啊？别被他人畜无害的外表给骗了，这家伙下起棋来，就是一'疯子'。棋风那叫一个凶悍，他让国内外棋手在赛场上吃尽苦头，最喜欢的就是中盘绞杀对方的大龙①。"格格心说你哥这么厉害，怎么才三段啊，吹牛呢吧？——她哪里知道职业围棋段位跟实力并不成正比的。

---

① 围棋术语，一般指在棋局上尚未获得安定，可能受到对方攻击、威胁的整块棋子（十几子以上）。攻击、吃掉对方大龙的过程被称为"屠龙"，过程往往十分惨烈。

　　芈汉杰在旁边点头说没错，只会背定式的棋手注定一辈子没啥出息，下围棋就不能循规蹈矩。

　　格格心说让这家伙领我们出来，家长们看来是彻底失算了。

第三章

盲牌

夜深了，海滩上热闹非凡，好多地方还点起了篝火。八位小伙伴在自己的帐篷里面又唱又跳，玩得非常尽兴。门墩儿在大家的怂恿下，把叔叔教给他的擒拿格斗术通通表演了一番，边表演还边埋怨没人跟他配合，大家慌忙摆手，说他一个人练就好。最后他练得高兴，还一掌劈碎了一块捡来的砖头，只不过这个冲动害得他手疼了一个星期。

　　大家玩得高兴，也不知是谁提议去买些啤酒。小灵通连连摆手，说："咱们这次出来玩就已经够出格了，可不能再得寸进尺，酒精这东西伤害大脑。再说了，咱们这模样一看就是未成年人，人家商家也肯定不能卖咱啊。"小魔女也在一边附和：

"再说这东西根本就不好喝。"小魔女说,"诸君,我是看爸爸平时喝得特别开心,有次好奇就偷喝了一小口,结果味道跟刷锅水差不多。"

门墩儿说:"你这比喻算好的了,有的人都把这东西的味道比喻成'猫尿'。"听到这话,大伙儿哈哈大笑,小魔女红着脸,追得门墩儿鸡飞狗跳。

检察官提示

未成年人饮酒,对其自身有很多危害。首先对正常的发育有负面影响,这是因为消化酒精的过程中要消耗叶酸和维生素 B 等营养物质,未成年人长期喝酒的话容易造成营养不良或者维生素缺乏,影响未成年人的正常发育。其次,酒精会对未成年人的肝脏造成比较大的伤害。未成年人的肝细胞还未完全的成熟,一些功能还不是很完善,肝组织脆弱,所以,未成年人喝酒的话会严重影响肝功能。最后,喝酒的年龄越小,对酒精的耐受能力越差。未成年人的神经系统及大脑尚未发育成熟,喝酒容易对大脑细胞产生抑制或损害，影响未来。而且，未成年人饮酒还有可能诱发各种事故甚至危及生命，导致社会问题。

所以，在这里劝告各位小读者，饮酒损害身体健康，千万不可尝试。

法条
链接

《中华人民共和国未成年人保护法》

第五十九条（第一款）　学校、幼儿园周边不得设置烟、酒、彩票销售网点。禁止向未成年人销售烟、酒、彩票或者兑付彩票奖金。烟、酒和彩票经营者应当在显著位置设置不向未成年人销售烟、酒或者彩票的标志；对难以判明是否是未成年人的，应当要求其出示身份证件。

　　这天晚上，小伙伴们玩得极其尽兴，这是他们人生中第一个疯狂的夜晚。

　　小灵通在帐篷里面睡到日上三竿才醒来，一看时间心说糟糕，还没给家长们报平安呢。于是他赶紧给家长们群发了微信，然后把横七竖八躺着的小伙伴们都喊起来，一脸沮丧地说，我们没有看到海上日出。

　　广播说明天早上早点起就是，看完日出正好回家，昨晚大家都玩得太累了。大家表示赞同，揉着眼睛、打着哈欠退掉帐篷，回旅馆睡了，一觉睡到下午，吃了晚饭接着睡。

　　第二天，在一声声女孩子的尖叫和咔嚓咔嚓的快门声中，小伙伴们看完壮丽的海上日出，然后心满意足地踏上了回家的列车。

　　他们来的时候坐的是高铁，回去没买到高铁票，只能坐普通列车了，也就是俗称的绿皮车，反正他们又不急，路上多花点时间看景色也不错。

　　看了一个多钟头的景色，大伙儿的兴奋劲儿慢慢过去了，开始觉得有点无聊。于是，有人开始摆弄手机，有人趴列车桌上补觉，几个女孩则围在一起看这两天拍的照片。不过没多久，他们的注意力就被车厢的另一端吸引了过去。

原来，那边有几个小伙子，看样子是同事或者朋友，路上闲得无聊，正在拿扑克玩"拖拉机"，玩得正热闹，旁边有好几个人在围观。其中有几个操着不同口音的人老在旁边瞎支招，而且出的主意只能用愚蠢透顶来形容。有个玩牌的小伙子恼了，只见他把手中的牌一摔，就开口让那几个人别搅局。嘿，没想到对方几个人还挺倔的，于是双方争执起来，越争越激烈，眼看着就要——打架？那多没素质啊。最后小伙子和那几个人约定，打牌定胜负。那几个人牌玩得实在是不怎么样，却怎么输都不服气。最后小伙子烦了，说："你们打得太臭，我不跟你们玩了。"那几个人一听，哪肯承认？情急之下说干玩没劲，咱们带点彩头吧——不赌钱，输了就给烟。

　　小伙子心想就你们那两下子，这不是自取其辱吗？当即点头同意。没想到这一来，刚才一路手风顺利的小伙子慢慢就不顺了，开始是互有输赢，后来干脆输得一塌糊涂。小伙子玩得兴起，连连要翻本，结果从输烟到输钱，也就半个多小时，不知不觉输了差不多两千块钱。

　　小灵通他们闲着也是闲着，除了小魔女不懂中国扑克的玩法，自己坐那里听音乐以外，其他几个全都围过去，目睹了那个小伙子从趾高气扬到垂头丧气的整个过程。

　　看小伙子输惨了，那几个人还"好心"地开导他，说："你心理素质不好，平常玩玩还行，一动真格的，带上赌注就不灵了。瞧我们几个，带赌注打牌从来就没输过，不信？不信你可以找别人来跟我们玩，只要能赢我们，连你的钱一块儿还给你，成不？"

　　然后小伙子的几个同事、朋友也相继参与，结果都输了不少，一伙人脸都绿了。

看到这里，小灵通就明白了，这是很常见的诈骗团伙啊。爸爸跟自己以前说过的，手段花样翻新，但大体经过大同小异，先给被害人点甜头，请君入瓮，然后整个诈骗团伙的人互相配合，把被害人的钱财骗走，而且被害人一般看不出对方有什么问题，往往只能自认倒霉。

其实，骗子们的手段十分简单，说出来简直一钱不值——除了这几个明面上打牌的，还有躲在人群中的同伙，转来转去看牌，然后用特殊的手势把对手有什么重要的牌告诉自己人。这样，等于是一方睁着眼，一方蒙着眼在打，这种打法哪有不赢的道理？

当然，小灵通只是怀疑他们是诈骗团伙，还真没法确定，他毕竟只是个孩子，社会经验太缺乏。不过在小灵通这一群人当中，有一个人看出了个大概，虽然他没发现骗子的同伙是人群中的哪位，但是多少猜出里面的奥秘了。他一直在旁边冷眼旁观，这一看就看了七八盘。

检察官提示

诈骗罪是指以非法占有为目的，用虚构事实或者隐瞒真相的方法，骗取数额较大的公私财物的行为。

诈骗罪侵犯的客体是公私财物所有权。侵犯的对象，限于国家、集体或个人的财物。客观上表现为犯罪嫌疑人实施了欺诈行为，一是虚构事实，二是隐瞒真相，从目的上说都是使被害人陷入错误认识的行为。另外，诈骗公私财物数额较大的，才构成犯罪。根据司法解释，诈骗罪的数额较大，以三千元至一万元以上为起点。

本章中，几个骗子通过合谋，隐瞒真相，让受害人误认为自己是牌艺不精，输给他们钱财，是典型的诈骗行为，如果超过法定数额，即构成诈骗罪。

《中华人民共和国刑法》

第二百六十六条　诈骗公私财物，数额较大的，处三年以下有期徒刑、拘役或者管制，并处或者单处罚金；数额巨大或者有其他严重情节的，处三年以上十年以下有期徒刑，并处罚金；数额特别巨大或者有其他特别严重情节的，处十年以上有期徒刑或者无期徒刑，并处罚金或者没收财产。本法另有规定的，依照规定。

几个输牌的小伙子脸绿得跟火车外面一块块闪过的庄稼地差不多。过不了几分钟就是下一站，估计这伙骗子已经得手，要在下一站下车了，这样，被骗的钱可就再也弄不回来了。

几个骗子惬意地伸了个懒腰，互相使个眼色，看这架势想溜了。只听围观人群中传出一个声音："几位大哥技术一流，小弟来请教几把。"只见芈汉杰大大咧咧地坐在了他们对面。"咱们玩斗地主，我一个打你们两个，如何？"

几个骗子一惊，抬头看芈汉杰，他个头虽然不高，但是脸上戴了副大墨镜，差不多遮住了半张脸，看不出他的确切年龄，而且他的嗓音已经跟成年人一样，不像小灵通他们还没发育完全，还带点童音。

几个骗子摸不清芈汉杰的来路，不敢怠慢，再说他们这行，有人来踢场子就得应，要不江湖上传出去，自己这"招牌"不就砸了？心里一合计，反正自己这边有同伙，不怕他一个。于是应承下来："斗地主就斗地主。"

却见芈汉杰拿到牌，全部扣在自己面前。谁也看不见牌面，包括他自己。骗子们心说这是哪一路打法？江湖上没听说过啊。芈汉杰一笑："这打法没见过吧，今儿个让你们见识见识。"看到芈汉杰这架势，旁边围观的人越来越多。

这一把该芈汉杰先出，只见他从自己面前的牌里随意地弹出去四张，"四个 Q"。

牌一张一张被翻开，红桃、方片、梅花、黑桃……果然是四个 Q。

所有的人都呆住了，包括小灵通这些同伴们，只有芈浩然明白哥哥是怎么回事。

几轮下来，呆住的众人已经进入石化状态。自己面前的牌，芈汉杰没翻开看过一张，却打得从容自若，竟没出错过一张——难道这人有一双透视眼，能从背面看到这是什么牌？

刚开始，几个骗子还能硬着头皮迎战，当然他们的手段已经不灵了，混在围观人群中的同伙根本没法看见芈汉杰的牌。接着打下去，他们是越打越心惊。作为老手，他们发现了一个更令人惊讶的问题，无论打什么牌，对面那个戴着墨镜的年轻人似乎都能未卜先知，甚至根据他们手里的牌给他们下套。

　　一开始芈汉杰打牌还有点儿犹豫，越往后打得越轻松，有时候对方的牌还没出来，他已经用手指点住要出的牌，迫不及待地等着了。这种情况下，骗子们是越出越慢。有好几回，骗子犹豫再三，好容易选好要打的牌，忽然发现对面墨镜后的眼睛正盯着他手里这张牌。得，这牌算是没法打了。几个骗子面面相觑，眼中一片茫然，不管是台上打的，还是在围观人群看的，根本没人能看明白这位玩的手法。

　　一般来说，出现这种情况，往往是牌的背面有暗记。问题是，这扑克牌是几个骗子带来的，就是一副普普通通的扑克牌，哪儿能有暗记呢？除非——

　　这个戴墨镜的家伙能透视扑克牌！

　　哎，对啊，墨镜！骗子里面终于有个"聪明"的家伙琢磨出了问题所在：一定是他的墨镜有问题。

　　于是，有人开始试探芈汉杰："这位小爷，您干吗老戴着墨镜呢？"芈汉杰没搭理他，实际上，从第一把牌打出后，芈汉杰就没再说过一句话。

"您这墨镜哪儿买的？贵吧？""您是在魔术团工作的吧？""您……"

芈汉杰一直毫不理睬。

牌局结束，不用说，芈汉杰一个人牌都不看，就把两个骗子打得落花流水。这一半是因为他的技术太神奇，另一半则是因为对方光顾琢磨他是怎么作弊的，心思根本没放在牌上。

芈汉杰长出一口气，说愿赌服输，那么就麻烦几位按照约定，把钱还给刚才这些哥们儿吧。话声刚落，却见围观人群中猛地飞出两位，把俩骗子一把按住了。"别赌了，警察！"骗子的同伙一看情况不对，撒腿就跑，才发现车厢两边都被乘警堵住了。

大家拍手称快，但是，警察叔叔硬要芈汉杰也跟着去列车长室说明情况，小灵通他们几个不觉有点儿发毛。

第四章

欢迎新同学

不过，小灵通他们几个马上就明白了，敢情警察叔叔们也很好奇半汉杰是怎么做到的。

　　其实，刚才半汉杰没上阵的时候，警察已经准备抓人了，因为列车马上到下一站了啊。这几个骗子是惯犯，几个便衣警察盯他们一段时间了，准备今天犯罪数额差不多了就收网。结果，半汉杰自告奋勇地上阵打擂，警察们也不敢轻举妄动，大家一看这牌局，都惊了。

　　小灵通他们不放心，要跟着去列车长室，警察叔叔问明他们几个是一起的，也把他们带过去了。到了列车长室，几个骗子戴着手铐，双手抱头在外间蹲着，警察叔叔请半汉杰进去一趟，小灵通他们都在外面等着。

刚一进列车长室，警察就让芈汉杰把墨镜给他。芈汉杰哑然失笑，把墨镜递给警察。"您好，警察叔叔。我是中国棋院的芈汉杰，职业三段，这是我们棋院的联系方式，您可以核实一下。"警察看到墨镜下居然是如此年轻的一副面庞，警惕心理先去了三分。他翻来覆去地检查了半天墨镜，还戴上墨镜看了看牌，并没有他所想象的透视效果，就是一副普通的墨镜，造型比较夸张而已。

这时，有警察核实了芈汉杰的身份，他们觉得中国棋院的职业棋手借旅游之机，顺手骗点零花钱的可能性不大，于是赶紧进来说明。

双方很快消除了误会，不过误会消除了，却不放人走，这几位警察放着真骗子不审，却非要芈汉杰讲明白怎么才能不看牌打扑克？"好奇害死猫"，这句话总结得实在是太到位了。

芈汉杰乐了："警察叔叔，真没什么难度。幸亏他们用的是一副旧牌，要是新的，我还真没办法。"原来，牌打旧了，尽管在普通人眼里看来并没有什么异样，实际上难免会有边角的磨损、侧面磕出的豁口或者不小心造成的折痕等，而且每张牌的特征都不一样，有点类似人的指纹。记住这些微小的特征，对普通人来说简直不可思议，但是对一天到晚跟围棋打交道、算度精准的职业棋手来说，却真不是多么难的事情。"扑克牌总共才五十四张而已，直接记就是了。看他们打了这么多盘，怎么会记不下来？我打牌的时候一直不说话，其实就是怕分心啊。"

听了芈汉杰的答案，警察叔叔多少有些失望，他们即使知道了其中的技巧，一时半会儿也学不会啊。芈汉杰离开之前，仿佛想到了什么。"哦，对了，警察叔叔，其实有更简单的办法。"警察们眼睛一亮。"我刚才有点紧张，忘了这个简单办法了——其实记五十三张就足够了，还有一张不用记，用排除法就能认出它来。"警察们好不容易才抑制住"吐血"的冲动。

　　芈汉杰和小灵通他们走的时候，一个脑袋不大灵光的骗子还在后边喊呢："警察同志，不能放他走，他肯定是一骗术界的后起之秀……"

　　芈浩然边走边说，记区区五十四张牌对他哥哥来说根本不算什么，哥哥以前去四川比赛，顺便跟成都一所重点中学的围棋爱好者下指导棋，他跟两位小高手一起下盲棋[①]，逼得对方全部中盘认负。小灵通一帮人听得咋舌不已，格格想起自己以前对芈汉杰的偏见，简直是无地自容。

　　这场小风波并没有影响大家的心情，只是大家看芈汉杰的眼光里面全是崇拜了。

---

　　① 盲棋是指没有棋盘，下棋的人用嘴说出每一步棋的下法。围棋盲棋的难度极高，远远超过象棋和国际象棋。象棋盲棋的世界纪录是 1 对 22，国际象棋则高达 1 对 46，而围棋的世界纪录仅仅是 1 对 5。

假期总是非常的短暂，新学期再次开学了。这回小灵通他们已经是初中三年级的学生了。

开学第一天，郑老师向大家再次介绍了一位新同学，别的同学只是鼓掌表示欢迎，铁三角、格格、广播几个却先是呆了一下，然后拼命地鼓掌。

新同学竟然是芈汉杰。

课间，小灵通等一群人围住芈汉杰，格格问："你不是早就不上学了吗？怎么又回来跟我们一起念书了？不可能不下棋了吧？"

芈汉杰说："怎么可能，下棋是我一辈子的事业啊。不过国家体育总局有了新规定，执行还挺严格的。因为按照劳动法和未成年人保护法的规定，我还没成年呢，必须完成九年义务教育。"

小灵通问："那你下棋怎么办？"芈汉杰说："两不耽误啊，我现在的档案关系还在中国棋院，与我的围棋俱乐部签的合同仍然有效，没有比赛的话，我就来学校学习，有比赛我就去下棋。"

检察官提示

1986 年 4 月，我国颁布了《中华人民共和国义务教育法》。这是我国首次把免费的义务教育用法律的形式固定下来，也就是说适龄的"儿童和少年"必须接受 9 年的义务教育。

义务教育又称免费义务教育，具有强制性、免费性、普及性的特点，其实质是国家依照法律的规定对适龄儿童和青少年实施的一定年限的强迫教育的制度。**义务教育是根据法律规定，适龄儿童和少年都必须接受，国家、社会、家庭必须予以保证的国民教育。**义务教育法的制定标志着我国基础教育发展到一个新阶段。"国家实行九年制义务教育"从此成为法定义务。

在本章中，芈汉杰同学还是未成年人，依照法律规定，他应当完成九年义务教育，取得初中毕业文凭。

《中华人民共和国义务教育法》

第十四条 禁止用人单位招用应当接受义务教育的适龄儿童、少年。

根据国家有关规定经批准招收适龄儿童、少年进行文艺、体育等专业训练的社会组织，应当保证所招收的适龄儿童、少年接受义务教育；自行实施义务教育的，应当经县级人民政府教育行政部门批准。

"原来是这样啊，不过别看你年龄大一些，在班级里可一样要遵守纪律哦。"格格说，现在她看芈汉杰的眼神已经全是崇拜了。芈汉杰说："那当然，而且咱们学校不是组织了围棋队嘛，我当顾问就好了，保证让他们水平突飞猛进。对了，咱们挺有缘分的，像我们这样继续学业的，学校都是棋院给我们选的，没想到居然又能和你们在一起。这样，周五请你们几位去我家里做客吧，咱们更好地熟悉一下，如何？"

"我们都没问题，一言为定哦。"没等大伙表态，格格一个人就把大家都代表了。竹子偷偷地跟小灵通说，得给格格弄副眼镜，这家伙只要一看芈汉杰，眼睛就直往外冒星星，不拿眼镜挡着，就飘芈汉杰脸上去了。

很快到了周五放学，小魔女说自己和门墩儿临时有点事情，向芈汉杰表示了歉意，说本来这件事是安排到周末的，结果临时挪到了周五，どうもすみません①。芈汉杰大度地表示没关系，二人辞别大家离去。

---

① 意为"实在抱歉"。

小灵通心说自己这发小搞得神秘兮兮的，连自己都不知道这回他和小魔女鼓捣什么，想起上半年门墩儿那一堆倒霉事儿，心里连连祈祷，但愿小魔女这回别再作妖。却听芈汉杰说，要是早知道门墩儿和小魔女不去的话，就提前让家里的保姆阿姨开车来学校接他们了，自己兄弟二人，小灵通、竹子、格格、广播四个，一辆七座的车正好装下。

格格一脸惊喜地问，你这么年轻就自己买车了？芈浩然说哥哥在职业棋手中也是属于顶尖的那一批，以他的收入买个车自然轻而易举，只不过他还没成年，不能申请驾照，只能借爸爸的名义买了辆车。芈汉杰说甭替我吹，就是辆新能源车而已，主要是因为棋院离家有点远，天天挤公交很不方便，等成年了，第一时间就去考驾照。

竹子问那怎么不买辆普通的烧汽油的车呢，新能源车到底用起来没有传统的油车方便。芈汉杰说："你们果然还没到关注这个的年龄，咱们市买车限购，需要摇号，现在一年摇号六次，两个月一次，目前每期摇号中签率已经夸张到 1/2300 了，自己简单算了算，还是改为排队申请新能源指标靠谱。"

格格问这么低的中签率，那得多久才能摇到啊？小灵通说："等咱们上了高中，学了概率怎么计算，一算就知道了。"毕汉杰笑着说那倒不用等那么久，网上已经有热心网友帮忙算过了，即使不考虑以后中签率会越来越低，就算按目前这个中签率，一个人从 20 岁一口气摇到 70 岁，中签率也不过 63%……

第五章

公交车遇险

小灵通等几位同学年纪都还小，对那37%的人一辈子因摇不上号而无法拥有传统的汽油车这件事没啥概念。既然没有私家车可坐，一行人就高高兴兴地上了公交车。毕家原本离学校不远，但两年前刚换了新房子，这回公交车就得坐上十几站了。由于蓓蕾中学教学质量远近闻名，所以毕浩然也没舍得转校，每天来回挤公交。

　　不过对于这帮精力过剩的孩子们而言，十几站路也就是叽叽喳喳一会儿的工夫。时值晚高峰，虽然是市郊，公交车上仍然挤满了人，一行人就在公交车司机后面的位置扎成一堆，说说笑笑。只不过司机师傅这车开得实在是让人不敢恭维，地板油起步，到站急刹车，中途更是横冲直撞。车上不少乘客皱着眉头，看起来体质较弱的几位乘客已经脸色发白，估计是有点晕车了。

竹子说这位师傅开得有点快，不太安全啊。毕浩然笑笑说自己天天坐这路公交车，这位师傅的车技感受过无数次，早就见怪不怪了。这位师傅的问题不在于开得太快，而是飞得太低。

大伙都被毕浩然的话逗乐了。这时公交车刚刚驶出一个车站，只见后面有位中年阿姨，五十岁上下的样子，用力挤过人群，走到司机旁边，大声呵斥："喂喂喂，刚才那站我要下车，怎么还没挤下去你就关门开车了，赶紧给我靠边停一下。"

司机说："到站前老远我就广播过了，您怎么不早点换到车门那儿去啊？再说我关门前还嚷嚷了好几嗓子，您没听到吗？"

阿姨脸上微微一红，坚持说道："那我不管，反正我应该上一站下车，下一站我走回去就太远了，你赶紧地，快靠边。"

司机说："那可不成，公司有规定，公交车在两站之间不能停靠路边，否则要罚款的，一次五百呢。我上有老下有小的，一个月就挣那么一点工资，哪敢交罚款啊！"

后面有乘客帮司机说话，说司机师傅说得在理，再说这两站隔了也就不到一公里，晚下一站也就多走几步呗。

然而，这位阿姨显然是属于平时为人处事蛮横惯了，只见她瞪了帮司机说话的乘客一眼，回身居然一把抄起身边的阳伞向司机头上用力打去，边打还满嘴飚着污言秽语，大意是司机师傅"不识抬举"，要"教训"他一下。

司机师傅挨了两下，有点发蒙，自己还是头一次碰上这种不讲理又有暴力倾向的乘客。他本能地举起右手护住头部，左手用力握住方向盘，稳住公交车的行驶方向。却见这位蛮横阿姨仍不罢休，扔掉阳伞，上前一步，伸出双手向方向盘抓去。

全车乘客一片惊呼，这时公交车正行驶在郊外的一座跨河大桥上，公交车右边就是桥的护栏，桥下是数米深的河水，要是因为抢夺方向盘导致公交车失控，后果不堪设想。

只见一个身影从司机后面飞出，拦腰抱住蛮横阿姨，扑通一声，死死地把她按压在公交车的前门上，只听小灵通喊道："你们几个还愣着干啥？赶紧过来帮我按住她。"小伙伴们愣了一下，赶紧上前，按手的按手，按脚的按脚，让她动弹不得。

司机师傅吓得脸色煞白，一时间嘴里阿弥陀佛上帝保佑真主保佑满天神佛拜了个遍，稳住心神将车开下大桥，找了个安全的地方靠边停车，掏出手机拨打110，区区三个数字按了半天才按对。

蛮横阿姨见势不妙，想脚底抹油赶紧跑掉，奈何被按得死死的，浑身动弹不得，无奈破口大骂。骂完还说自己顶多也就是被拘留几天，没什么大不了的。一车乘客心神方定，知道自己方才已是在鬼门关前走了一圈，看蛮横阿姨还胆敢如此嚣张跋扈，纷纷指责起她来。

只听小灵通一声冷笑："这位阿姨，您这可不是拘留几天就能了结的事情，您这是犯罪，危害公共安全罪，让您家里人给您多准备几套换洗衣服，接下来的三年五载，您就在监狱里面好好地忏悔今天的所作所为吧。"

检察官提示

在载有大量乘客的交通工具高速行驶中，任何抢夺方向盘、殴打司机、妨碍正常驾驶的行为均属于严重的犯罪，即以危险方法危害公共安全罪。如果造成严重后果，量刑是十年以上有期徒刑、无期徒刑，最高可以判处死刑。即使没造成严重后果，也是三年以上十年以下有期徒刑。

各位小读者请注意，这个犯罪在刑法上叫作"行为犯"，不同于"结果犯"，**只要实施了该行为，无论是否造成后果，都构成犯罪。**

《中华人民共和国刑法》

第一百一十四条 放火、决水、爆炸以及投放毒害性、放射性、传染病病原体等物质或者以其他危险方法危害公共安全，尚未造成严重后果的，处三年以上十年以下有期徒刑。

第一百一十五条 放火、决水、爆炸以及投放毒害性、放射性、传染病病原体等物质或者以其他危险方法致人重伤、死亡或者使公私财产遭受重大损失的，处十年以上有期徒刑、无期徒刑或者死刑。

过失犯前款罪的，处三年以上七年以下有期徒刑；情节较轻的，处三年以下有期徒刑或者拘役。

蛮横阿姨是被警察半拖半架地带走的，听到自己今天的行为会有这么严重的后果，她双腿瘫软，几乎无法站立，被关进警车的那一刻，车上所有人都听到了她一声长嚎："我错了……"

小灵通一行人吐槽说现在知道后悔了，早干吗去了。不过，知错能改就还是好同志。

"哎哎，我说你们都吃点东西啊，咋一个个坐这儿跟老僧入定似的？"芈汉杰笑着对大家说。

芈家的房间很宽敞，装饰得很漂亮，但是显然大伙儿都心有余悸。芈汉杰毕竟比小灵通他们成熟得多，又是东道主，一边让家里的保姆阿姨去做晚饭，一边招呼大家吃点儿零食压压惊。

广播在这一帮同学里面心理素质最好，一边往嘴里丢了块棉花糖，一边问叔叔阿姨怎么不在家。剩下几位这才恍然大悟地发现，这么大房子居然只有芈家兄弟和一位保姆阿姨。

芈汉杰说自己的父母都是中学教师，这次两人志愿去西部贫困地区支教，为期一年，得明年这个时候才能回来。大伙儿惊讶地说："你们兄弟二人还没成年呢，留你们在家父母能放心吗？"芈汉杰笑笑说这不自己已经工作三年多了，照顾好自己和弟弟没问题，真要有自己处理不了的急事，还可以向棋院寻求帮助。唯一问题是兄弟二人都不会做饭，所以雇了一位保姆阿姨，每天来做做晚饭，周末打扫下房间，洗洗衣服。芈浩然插话说一开始确实不太习惯，结果过了几天觉得这样还挺自由的。

大伙儿心说这兄弟俩还真挺自立的，倒是让我们这些离不开父母的相形见绌了。却听芈汉杰说："我去跟阿姨忙活晚饭，你们几个也别想刚才那件不愉快的事儿了。听我老弟说你们不是偶尔会玩一会儿手游吗？今天周末，适当放松一下，玩上两局呗。"大伙儿一听，连连点头，终究是少年心性，瞬间将公交车事件抛到了九霄云外，纷纷掏出手机，芈汉杰笑着去厨房帮忙了。

厨房的活还挺多，芈汉杰忙活了半晌，才弄得差不多了。"哎哟，你们几个这是怎么了？这脸怎么一个个的跟我家小区里面那颗大槐树一个色啊？"心说这几个孩子比自己小很多，别不是被刚才的公交车事件吓出心里阴影了吧？这可大事不妙。转念一想，不禁笑出声来："我明白了，合着你们几个刚才是打输了，对吧？那也别哭丧着脸啊，咱中国人不是讲究一个'胜不骄败不馁'吗？"

芈浩然哀怨地抬头望着哥哥，幽幽地说："哥啊，问题是，我们玩了半天，全是'不馁'，一个'不骄'也没有啊。"

第六章

天降的灭火器

大伙儿正打着游戏，香喷喷的饭菜香气把他们从游戏中拉回到了现实世界。孩子毕竟是孩子，吃着味道可口的晚饭，刚才的阴影迅即烟消云散，游戏对战时的一些失误操作此时都被拿来互相调侃。

　　听到大伙儿聊得开心，芈汉杰也忍不住凑热闹："你们聊得热火朝天，我没玩过这款手游，看样子挺好玩的，不过你们平时一定要好好学习，可不能玩物丧志啊。"芈浩然说："哥，你放心吧，一来平时功课忙，没有太多时间。二来我们想多玩也玩不成，现在游戏系统有防沉迷机制，初中生每天最多只能玩俩小时，超过时间就会被强制下线。"

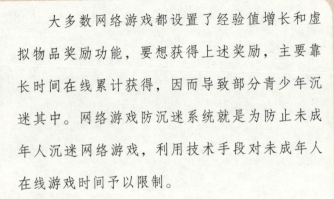

检察官提示

大多数网络游戏都设置了经验值增长和虚拟物品奖励功能，要想获得上述奖励，主要靠长时间在线累计获得，因而导致部分青少年沉迷其中。网络游戏防沉迷系统就是为防止未成年人沉迷网络游戏，利用技术手段对未成年人在线游戏时间予以限制。

有些游戏平台为保护未成年人身心健康，对未满18周岁的用户设置健康系统和防沉迷系统。

健康系统是指未满13周岁的未成年用户，账号登录游戏累计达1个小时，在对局结束后，将被强制下线，且当日不能再登录游戏。同时，在每日21:00至次日8:00时间段，无法登录游戏。13周岁及以上的未成年用户，账号登录游戏累计达2个小时，在对局结束后，将被强制下线，且当日不能再登录游戏。

防沉迷系统是指在游戏过程中，系统会提示你的累计在线游戏时间如超过3小时，游戏内的收益（经验、金钱）减半；累计游戏时间如超过 5 小时，游戏内的收益直接为 0。

　　这体现了游戏公司应承担的社会责任，不能为了追求经济效益而放弃社会效益。**这里也提醒小读者们要合理安排游戏时间，做到学习、娱乐两不误。**

法条链接

《中华人民共和国未成年人保护法》

　　第七十四条（第二款）　网络游戏、网络直播、网络音视频、网络社交等网络服务提供者应当针对未成年人使用其服务设置相应的时间管理、权限管理、消费管理等功能。

　　芈汉杰点头说这公司还挺有社会责任感的，这游戏都有啥可选角色，你们跟我说说呗。我业余时间都用来打谱① 了，偶尔也想放松放松，听你们刚才说了好多历史人物。大伙儿一听芈汉杰居然感兴趣，赶紧七嘴八舌地向他介绍这些可选角色。竹子说好像网上有人说过，不久后会有新角色——鲁迅登场。

几位听众无不瞪大了双眼，说这个角色设计一定很有趣也很难，就说鲁迅的三个技能吧，能叫啥名字呢？竹子说那还不简单，一技能叫"朝花夕拾"，二技能叫"阿Q正传"②，大招叫"背诵全文"呗。

大伙儿说说笑笑闹够了，看天色不早，起身告

---

① 即按照高手下出的棋局的棋谱，把棋子在棋盘上按顺序再摆一遍。打谱过程中，可以感受高手下棋的思路，其间也可以停下来，自己认真研究分析，培养自己的大局观。打谱是围棋学习的重要方式。

② 《朝花夕拾》和《阿Q正传》均为鲁迅先生的代表作，前者是散文集，后者是中篇小说。

辞。芈汉杰起身送他们下楼，芈浩然留下看家。

到了楼下，大伙儿都很好奇芈汉杰的车长啥样儿，芈汉杰一指斜对面："那边几个有充电桩的车位，右手起第一辆，紧挨着楼房墙壁的就是。幸好小区有带充电桩的车位，我让我爸提了车后就赶紧租了一个，要不充电实在麻烦。"小灵通眼尖，望了一眼说："你这车外形确实很大气，你还挺会装饰的，车头摆了一朵大红花。"

芈汉杰远远望了一眼自己的车，他视力不是特别好，隐隐约约看见车头引擎盖上确实有个红彤彤的东西。几个人走近一看，不由得一声惊呼，居然是个干粉灭火器。只见引擎盖被砸了个大坑，最前端已经脱开了锁扣，翘了起来。芈汉杰仰天长啸说："这是我刚买的车啊……啊……啊……"

格格说："车被砸成这样，引擎盖前面都翘起来了，这么大力度，肯定不是人举起灭火器砸的。"只见格格抬头看了看，猜道："可能是高空坠物，报警吧。"

检察官提示

在我国，因为高空坠物导致的人身与财产损害的报道屡见不鲜。那么如何认定赔偿主体呢？也就是说，谁应该为此负责呢？根据《民法典》的规定，**建筑物等设施脱落坠落致害责任的承担主体为该建筑物等设施的所有人、管理人或者使用人。**

建筑物等设施的所有人是该类责任最直接的赔偿义务主体，当物件的所有人直接管理使用该设施时，当然应由所有人承担责任。建筑物等设施的管理人，主要是指根据法律规定或者当事人的约定，对该类设施负有管理职责的人。这里的管理人不仅包括依照法律法规规定对国有建筑物等设施进行经营管理的人，包括国家机关、企事业单位等，还包括合同约定对该类设施负有维修保管义务的人。建筑物等设施的使用人是指对该设施实际使用、利用的人。

这一类侵权行为适用过错推定责任，也就是说，法律直接推定加害人有过错，受害人无须对加害人的过错进行举证和证明，加害人只有证明自己没有过错才能免责。

法条链接

《中华人民共和国民法典》

第一千二百五十三条　建筑物、构筑物或者其他设施及其搁置物、悬挂物发生脱落、坠落造成他人损害，所有人、管理人或者使用人不能证明自己没有过错的，应当承担侵权责任。所有人、管理人或者使用人赔偿后，有其他责任人的，有权向其他责任人追偿。

大伙儿一看这灭火器，果然是物业在每层楼楼道里面摆放的，用于家庭使用的那种款式，小灵通前段时间刚刚给门墩儿家厨房灭过火①，又仔细认

---

① 详见本系列丛书《小魔女的汤》。

了认，确实如此。芈汉杰赶紧打电话报警，然后联系物业值班室，大伙儿庆幸说幸亏没砸到人。

警察来了，勘验现场、提取物证、调取监控录像，好一番忙活。物业非常配合，毕竟真要是出了大事，物业也有一定的责任。小灵通等人一看也帮不上啥忙，于是都各自回家。

检察官提示

如果因为高空坠物受到损害，却找不到责任人的话，依照我国《民法典》的规定，可以将整栋楼的所有业主作为被告起诉，要求赔偿。**所有可能的侵权人承担过错推定责任，即他们如果不能提供自己不是侵权人的证据，就需要给予损失的补偿。**

该规定对承担责任者进行了限定，令可能的建筑物使用人承担补偿责任，既不会造成有损害结果但受害人得不到救济的情况，也不会因义务人过多导致个人补偿数额过小而起不到警醒作用，能在一定程度上督促建筑物使用人尽到善良注意义务，预防该类事件的发生，而且也不会将补偿义务人的范围无限扩大化，所以这一立法规定较为合理，体现了公平原则。

法条链接

《中华人民共和国民法典》

第一千二百五十四条　禁止从建筑物中抛掷物品。从建筑物中抛掷物品或者从建筑物上坠落的物品造成他人损害的，由侵权人依法承担侵权责任；经调查难以确定具体侵权人的，除能够证明自己不是侵权人的外，由可能加害的建筑物使用人给予补偿。可能加害的建筑物使用人补偿后，有权向侵权人追偿。

物业服务企业等建筑物管理人应当采取必要的安全保障措施防止前款

规定情形的发生；未采取必要的安全保障措施的，应当依法承担未履行安全保障义务的侵权责任。

发生本条第一款规定的情形的，公安等机关应当依法及时调查，查清责任人。

小伙伴们下了公交车，还在七嘴八舌地讨论刚才毕汉杰的遭遇。格格说要是警察能找到肇事者还好，要是万一找不到到底是谁干的，毕汉杰岂不是只能自认倒霉？

小灵通听爸爸说过这类事件，于是给大家讲解起来。大伙儿听完小灵通的解释，连连点头，说自己以前还真没想到。正说着，却见广播举手往前面一指："嘿，你们看前面那俩人举着手机拍啥呢？"

大伙儿抬头一看，前方是个车水马龙的十字路口，过了路口就是他们各自家所在的几个小区了。这个十字路口平时车流量很大，早晚高峰还很容易拥堵，没办法，本市有个外号之一就叫"堵城"，早高峰从早上6点到中午12点，晚高峰从中午12点到半夜12点，一年堵两次，一次六个月，广大市民苦不堪言。堵到什么程度呢？有句古诗写得好啊，"少小离家老大回"。

小灵通他们家和学校都在郊区还好，堵得没这么严重。为了安全起见，这个十字路口中间还是设置了一个简易的红绿灯，下面有两层灯座，灯座上支起一把硕大的太阳伞，每逢拥堵，就有交警在伞下现场指挥交通。

如今天色已晚，红绿灯虽然正常工作，但是交警早就下班了，小灵通一行只看到红绿灯那里有两个二十岁出头的女性。其中一个人站在底座上手舞足蹈，姿势很是怪异，一副浑身抽搐的样子。竹子和格格一头雾水地说她该不会是触电了吧？要不要帮忙拨个120？

广播说你俩纯属同情心泛滥，她在那儿哆嗦老长时间了，真要说是触电，那电源最多就是干电池，否则哪能坚持这么久？——她那是跳"宅舞"呢。网站上挺多这样的人，一个个根本没学过舞蹈，没有任何功底，大多数属于瞎蹦，纯靠颜值和身材打打擦边球，以追求关注度。这不旁边还有个女孩举着手机吗？明显是她的同伙在拍摄。

小灵通、竹子、格格异口同声地说："没想到你经常上网站看这些啊？难怪经验噢噢丰富呢。"

广播正色说道："你们别瞎扯，我那就是随便看看，顺便批判一下这种歪风邪气——其实根本没啥可看的，跳得还不如咱们做广播体操好看呢。哎，不对，'宅舞'都是找个室内或者室外没人的地方跳，怎么这两位跑大马路中间来了？马路边还有一大群人围观的，多不安全啊。"

广播话声未落，只见一辆轿车的司机显然是因为看跳舞走了神，车一跑偏，"咣"的一声撞到了路口的行道树上。

第七章

扭曲的三峡大坝

两个女孩拍摄得差不多了，正准备离开，却见驶来一辆警车，两位警察下来拦住了二人，说是接到报警，有人在这里影响交通秩序。"请问你俩干什么呢？"

　　两个女孩回答得倒挺痛快。原来两人是某家传媒公司"网红"孵化基地的员工，主要工作就是帮忙出谋划策，想方设法把人包装成"网红"。结果公司开张许久，生意一直门可罗雀。老板苦思冥想其中原因，猛然间一拍脑门，说这不就是因为公司没什么名气吗？公司都跟"网红"无缘，怎么才能把顾客包装成"网红"呢？于是这位老板眼珠一转，出了个馊主意，让这两个女孩到单位附近这个红绿灯下跳一段舞蹈，拿交通繁忙的大街为背景，拍下来发抖音上，保证吸引眼球，没准一个"网红"就此冉冉升起……

围观群众，包括小灵通一行在内，听的是满脸黑线，心说两位姐姐倒是找个没人的地方蹦去啊，这一会儿工夫大街上堵了一群人，还有个司机撞树了（回头一看还好，司机已经出了驾驶室，看样子没啥大碍），多影响市容和安全啊。两个女孩仿佛看穿了大家心中所想，解释道要是找个没人的地方跳舞，以她俩触电般的舞姿，根本没啥关注度，红不起来，只有这里才是个"风水宝地"。

两位警察一脸严肃地警告她俩，禁止在此地再跳舞，防止出现道路拥堵或引发交通事故。如果屡教不改，将对其进行行政处罚。

检察官提示

　　寻衅滋事，是指具有责任年龄、责任能力的自然人，在公共场所无事生非，起哄闹事，随意殴打、追逐、拦截、辱骂他人，强拿硬要，任意损毁、占用公私财物，破坏公共秩序，但情节尚不严重，还没有造成严重后果的，尚不够刑事处罚的行为。行为人侵害的客体是公共秩序，往往同时对公私财物和人身权利造成侵害，但侵害的对象是不特定的人或不特定的财物。

　　本章中的两位"网红"公司的员工，在交通繁忙的大街上跳舞以求得关注，属于严重破坏公共秩序的行为，已经构成寻衅滋事，由于尚不构成犯罪，应当接受治安管理处罚。

**法条
链接**

《中华人民共和国治安管理处罚法》

第二十六条　有下列行为之一的，处五日以上十日以下拘留，可以并处五百元以下罚款；情节较重的，处十日以上十五日以下拘留，可以并处一千元以下罚款：

（一）结伙斗殴的；

（二）追逐、拦截他人的；

（三）强拿硬要或者任意损毁、占用公私财物的；

（四）其他寻衅滋事行为。

格格感慨说，现在可真是眼球经济，有些人想出名想疯了。记得自己在过年时看到一条新闻，有几个年轻人为了出名，想拍视频发网络上，居然在大年三十那天晚上点了一挂五百响的鞭炮，直接扔到了当地派出所的走廊里面，扔完撒腿就跑，同伙边跑边拍视频。"噼里啪啦"的鞭炮声把值班民警吓一跳，还以为大过年的恐怖分子偷袭呢，结果第二天也就是大年初一，警察直接按照他们发布的视频抓人，几个参与者都被带走了，一直拘留到正月十五。整个新年他们都是在拘留所里面过的，这种名啊，不出也罢。竹子点头说是啊，之前我在网络上也看过一个视频，一个小年轻跨过公园护栏，把里面正在孵蛋的天鹅妈妈赶走，把天鹅蛋一个个全都踩碎了，哎呀，看得我好气呀。

自从短视频这一新的传媒形式诞生以来，因为其符合移动互联网碎片化的阅读习惯，满足了用户表达个性化、内容丰富化和形式互动化的需求，已发展成为网民碎片化娱乐的主要方式和全民创作的主要内容形式。当前，短视频已成为应用商店下载热度最高的App之一，主要用户集中在24岁以下群体，中小学生占了不小比例，所以他们更容易受到短视频内容的影响。

从当前短视频创作传播的内容来看，导向不正、格调低俗、无营养等问题较为突出。这种情况下，**一方面要加强短视频内容的审核把关；另一方面，作为受众的各位小读者，也需要加强自己的识别能力、审美情趣，防止短视频的不良内容侵害身心健康。呼吁小读者们一起做真善美的追求者和传播者。**

竹子接着说，其实这些短视频质量良莠不齐，不能一概而论，还要靠我们自己多加甄别。哎，其实随着现在这种短视频越来越多，你们没发现有一类现象接近绝迹了吗？

小灵通和格格一起摇头，广播摆弄着手机，不知道在干什么，也跟着摇摇头。

竹子说灵异现象啊，好多都市灵异传说，鬼啊、怪啊、外星人啊、僵尸啊、猫脸老太之类的，小时候我听到这些就吓得睡不着觉，到现在还胆小呢。结果近些年来，除了那些流传已久、已经老掉牙的灵异故事，你们没发现根本没有新鲜出炉的灵异故事了吗？原因呢，还不是因为现在手机不管是拍照还是录像都方便得很。以前某个人说他撞见灵异现象了，会说："哎呀抱歉，家里有个单反，但是没带在身边，所以呢没有证据，不过我说的绝对是真事儿，爱信不信。"这句话当时还能拿来忽悠忽悠人。现在谁身上没个手机啊？真要是碰上灵异现象，随手一拍不就有证据了？结果，能够证明灵异现象存在的视频证据一直都没有。这说明什么？说明手机有辟邪的奇效，有手机的地方，灵异从来不敢现身啊。

小灵通和格格一起竖起大拇指，说竹子的这个开玩笑的结论高，实在是高。却见广播还在摆弄手机，小灵通不满地问："你干吗呢，又看网络上的'宅舞'呢？"广播嬉笑着说，他把刚才警察的执法过程拍了下来，顺手发到QQ空间和微信朋友圈了，给大家看看，起到一个警示作用。竹子和格格一脸紧张地问这么做警察能允许吗？

检察官提示

广播用手机拍摄警察执法的过程，是否合法呢？首先，从现有法律规定来看，**公民用手机拍摄执法机关的行为没有违反任何法律规定**。执法机关在执法的时候除涉及国家秘密之外，任何公民和组织均有权进行各种方式的监督。而且，如果发现行政机关有违法行为，任何人都有权提出质疑，予以曝光，以让社会大众知晓。因此，警察不仅不应当阻拦，而且还应欢迎和鼓励公民以各种方式包括拍摄执法过程进行监督。

实践中，面对群众的围观拍摄，公安部门对警察的具体要求是：在拍摄不影响执法的情况下，民警要自觉接受监督，习惯于在"镜头"下执法，注意规范执法行为，不说过头话、不做过激事。不得强行干涉群众拍摄、夺取拍摄器材或强行要求删除，但可口头劝阻。对执法对象的违法行为，应及时果断依法处置，避免群众长时间围观。

在小灵通的一番解释下，竹子和格格疑惑全消，却见广播发完视频，不知看到了网上的什么东西，抬起头来，一脸的恐慌："完了完了，出大事了，天大的事，上亿条人命啊。"

"勇凌啊，你这是怎么了？血铅又高了？"妈妈看到刚进家门的小灵通一副苍白的脸色，吓了一

跳。只见小灵通哭丧着脸说:"妈妈你明天记得早点叫我起床,我要好好锻炼身体。"妈妈说:"这是好事啊,你这家伙从小不喜欢锻炼身体,一到周末就睡到太阳晒屁股才起床,怎么今儿个转性了?——不过,起床锻炼没必要这么一副模样吧?"

小灵通把手机伸到妈妈面前,微博标题极其耸人听闻,"惊爆三峡大坝严重变形,或将溃坝"。里面还配了张图片,是三峡大坝的卫星照片,只见照片上面长长的大坝确实已经七扭八歪,严重变形,仿佛垮塌就是分分钟的事儿。

妈妈刚看到题目时还嗤之以鼻,但是看到图片后也吃了一惊,仔细看图片不像是PS的,连忙喊爸爸出来。只见爸爸手里拎了本厚厚的法学著作,飞一般冲出书房,跑得太急,脚上只穿了一只拖鞋。"闻听夫人连声召唤,不知有何指示?"

爸爸甫一看到图片也是一愣,随即脸上笑开了花,指点着小灵通娘儿俩说道:"这种弱智的谣言也能让你俩紧张啊?哈哈哈……没没没,夫人,你别瞪我，我真没说你是弱智的意思……这样吧，我给你俩再找张图片看看。"说罢拿过手机，一通操作。

"看看这张图。"妈妈从爸爸手里接过手机一看："哎呀，这是哪儿的大坝啊？怎么也是七扭八歪的，今年这世界有点不对劲儿啊，三体①人要来地球了？"小灵通倒是看出了问题，两座大坝歪扭的样子几乎一模一样，这也太寸了吧？"爸爸，你这张图片是哪座大坝啊？"

"美国著名的胡佛大坝，没听说过？《变形金刚》第一部剧情还记得吧？里面威震天飞出来的那座大坝。"

"哦哦哦，记得记得。"小灵通娘儿俩异口同声地说，"美国、中国的两座大坝都要垮了？没这么巧的事儿吧？"

"当然了，我刚才看到那张三峡大坝照片右下角的几个小字，就知道是有人造谣了。那几个字是

———————————

① 《三体》是我国著名科幻作家刘慈欣的代表作，分为三部，其中第一部于 2015 年获得被称为科幻界诺贝尔奖的第 73 届雨果奖最佳长篇小说奖。

'Google Earth'，听说过吗？"爸爸说道。

"不就是'谷歌地球'吗？卫星在太空拍摄的地球表面的照片，据说清晰度很高。"娘儿俩回答道。

"这你们就是只知其一不知其二了，谷歌卫星的拍摄精度的确高，不过毕竟只是民用卫星，精度仍然有限，对于一些尺度特别大的物体，比如大坝，长度特别长，一张照片拍不下，怎么办呢？就分成一段一段来拍摄，然后用电脑合成一个整体的图片。既然精度不够，因此合成的照片在原来照片的连接处就很不平滑，整张照片看起来就是歪七扭八的效果。"爸爸侃侃而谈，然后又随便找了几张谷歌卫星拍的高速公路照片给娘儿俩看，果然长长的高速公路不管是中国境内还是外国境内的，看起来都是歪七扭八，跟大坝一个模样。

小灵通和妈妈恍然大悟，爸爸微微一笑说，这些年中国发展得太快，动了一些国家的"奶酪"。于是个别国家妄图遏制中国发展的步伐，就在本国组织招募一些人，通过境内外各种自媒体不断编造谣言，企图制造中国民众的恐慌情绪，加重民众对政府的不信任感。像今天这个谣言肯定造成了不小的恐慌，毕竟不是谁都懂卫星照片的原理，我一会儿就把这个微博举报给网警，也算是尽了一个公民的义务。——哦，对了，估计这两天就会有政府权威机构出来辟谣，你们娘儿俩可以多留心。说完再次回书房去了。

检察官提示

　　谣言尤其是网络谣言时有发生，各位小读者在做到"不信谣，不传谣"的同时，也要积极粉碎谣言，在这里为大家介绍几种举报谣言的方法：

　　第一，直接到公安机关进行举报。最直接的报警方式就是到公安局进行报警，警察叔叔会认真核实谣言的真实性，并追查谣言的来源。

　　第二，通过向公安机关打电话的形式进行报警。如果你想要匿名报警的话，也可以直接给公安机关打电话，说明相关的情况就可以了。

　　第三，在微信公众号留言或进行举报投诉。在微信上查找当地网警的微信公众号，点击关注后，可以在他们的公众号里留言或进行举报投诉，并向他们展示相关的证据，网警看到后会予以解决的。

第四，到相关的辟谣网站进行举报。现在也有部分地区政府上线了权威的辟谣平台，例如，浙江的"浙江媒体网站联合辟谣平台"，上面有政府、有媒体，举报的效率相对更高。

妈妈感慨道原来是虚惊一场，不明真相的胆小人士要是看了非得吓出病来不可。"哎，对了勇凌，刚才你跟我说让我喊你起床锻炼是为什么啊？"

小灵通不好意思地挠挠后脑勺，解释道："我一开始以为图片是真的，寻思着万一真有事，国家抢险救灾，肯定急需血液库存啊。我岁数小，没法去参加救援，就只能好好锻炼身体，争取多献点血呗，也是为救灾做贡献。"

妈妈心头一热，一把抱住了小灵通，心想自己的儿子真的长成一个小男子汉了，还挺有社会责任感的。

第八章

门墩儿与小魔女的秘密

周一一大早，小灵通和竹子溜溜达达地走在去学校的路上，俩人聊起三峡大坝照片的事儿。竹子说她爸爸也是这个观点，而且她爸爸作为专业人士，还用专业的绘图软件把照片放大，仔仔细细把里面的噪点、拼接线之类的东西统统找了出来，结论是这张照片是由27张照片拼接而成，并且拼接的地方没有经过算法优化，所以好好的三峡大坝被拍成了这么一副鬼样子。

　　小灵通说这些年也不知道是怎么回事，有人叫嚣说要用导弹炸了三峡大坝，让长江中下游人民全泡水里，损失惨重。竹子说这不是赤裸裸的威胁吗？

　　小灵通说："我一开始听到这些也发蒙，后来还是叔叔给我解释说，中国东南沿海防空网的密度在世界上是数一数二的，三峡大坝本身也有防空导弹部署，所以不管是飞机还是导弹，根本就过不来。而且，三峡大坝属于重力坝而非土石坝、拱坝，这个名词不好解释，你就把这类大坝理解为一座钢筋混凝土大山就是了，这么大一座山，可不是一下两下就能炸毁的。"

　　竹子说："听你这么讲我就放心了，勇凌你可真是个科普小能手啊。"听到竹子夸奖自己，小灵通心里美滋滋的，忽然间，他想到了正在执行任务的叔叔。叔叔已经两个多月杳无音信了，郑老师近来也稍显憔悴，脸上失去了昔日的神采。小灵通此时只能在心中默默地为叔叔祈祷。

　　两人正往学校走，却见前面有两个熟悉的身影，俩人边走边拿手比比划划，不知道在说些什么。小灵通仔细一看，原来是门墩儿和小魔女，而且俩人比划的手势还挺有意思，门墩儿俩手举在嘴边，像是在吹箫或者笛子。

小灵通知道自己这发小小学某个寒假学过一段时间笛子，然而这家伙的音乐细胞还没竹子多呢。竹子小提琴拉得最多像锯木头，门墩儿那段时间在家一练习吹笛子，孟叔叔和宋阿姨就跑阳台上去，吹一次去一次。门墩儿很是纳闷，终于有一天鼓起勇气问是不是自己吹得太难听，把爸妈都吓跑了。孟叔叔说："放心吧，绝对不是，我俩去阳台只是想让左邻右舍看到，我俩没打你……"

听到小灵通打招呼的声音，门墩儿和小魔女立马把手放下，装得好像什么都没发生过的样子，回头跟小灵通和竹子问好。小灵通心说搞啥呢？神神秘秘的。故意问道："你俩刚才聊啥呢？还一顿比划？"竹子赶紧拉他衣袖。

门墩儿涨红了脸，嘴巴张了几下，却啥也没说出来。小灵通知道这位发小从小不会编瞎话，正想编点儿词挤兑挤兑他，却见小魔女眼珠一转："马君，是这样的，我妈妈家里养了好多花草，正准备再养一缸金鱼，不过没有经验，养过几拨都活不了多久，我正向孟君请教养鱼经验，刚才我们正比划鱼缸的尺寸呢。"

小灵通心说这俩人还挺能保密的，算了，当着小魔女的面，不刨根问底了，免得让门墩儿难堪。"养金鱼啊，这个特简单，你还真是问对了，门墩儿他家经验倍儿丰富，你听好了，秘诀是每天喂一次食，三天换一次水，七天换一次鱼……"

小灵通一行说说笑笑地走进教室，还没到上早自习的时间，一看好多同学扎堆，也在纷纷讨论三峡大坝这件事，看来这件事情影响真的不小。于是小灵通把爸爸和安叔叔的分析给同学们详详细细地侃了一通，同学们一个个恍然大悟。

广播打开手机，说两位叔叔可真是聪明，这不中国航天刚刚辟谣了。因为这条谣言给我国长江中下游的群众造成了极大困扰，为此中国航天特地把我国"高分六号"卫星专门调整了轨道，在三峡库区上方拍下了整个三峡大坝的全景。这可是目前世界上精度最高的卫星之一，长长的三峡大坝一次成像，特别清晰。同学们纷纷观看这张照片，一看三峡大坝果然笔直笔直的，没有丝毫变形。

同学们都说编造谣言的这家伙真是居心叵测，诅咒他一辈子买方便面没有调料包。小灵通点点头说没错，这条谣言不光吓到了不少不明真相的群众，单单是中国航天为了辟谣，将"高分六号"卫星变轨，为此造成的卫星预期使用寿命减少的损失，也是一笔不小的费用。其实生活中各种谣言可谓层出不穷，很多情况下都需要听者运用各种知识去分析，不能盲目相信。

"比如，各地都市传说中的一个经典故事，说有人跟陌生人在酒吧喝酒，喝醉了一觉醒来发现自己躺在酒店的浴缸里面，身边都是冰块。发觉后腰剧痛，用手一摸都是血，赶紧打120，发现后腰有两个切口，两个肾脏都不见了。这还算是编得好的，有的类似故事干脆说人下夜班，在一条偏僻巷子里面被人打晕，醒来发现俩肾脏都没了。都说这些是盗卖人体器官团伙作的案，其实这类谣言但凡是稍微有点生理学常识的人都不会相信。第一，肾脏是人的重要器官，一次性失去两个，就算不考虑出血问题，人也会很快失去生命，不可能还活着醒过来并获得急救机会。第二，也是最关键的一点，人体免疫系统有排异反应，移植器官前必须进行配型，否则一旦发生排异反应，人立刻就会没命——输血前还得化验下血型是否相符呢，别说器官移植了。器官一旦离开人体，最多存活两三个小时。你们想啊，要是真有所谓盗卖器官的团伙，他们割了两个肾脏，在没有经过配型的前提下，要在两三个小时内找到买主并且移植到买主身上，现实吗？"

同学们纷纷点头称是，门墩儿追问说以前不是有报道说有人卖肾买手机吗？小灵通说这不是一回事，卖肾那个是地下黑产业链，受害者卖肾前要经过体检、寻找买主、配型一系列程序，完全吻合了，才能上手术台的。"所谓的割肾盗卖这种事，就是完全没影儿的谣言了，真要是有人拿到这俩肾，结果也是啥都干不了，只能拿来炒腰花……"

目前常见的网络谣言有三种，分别为捏造、篡改灾害信息、疫情信息，将其扩大化、妖魔化，引起公众恐慌；虚构恐怖信息或危害公众安全事件信息，威胁社会安全稳定；为达到自身目的，歪曲事实真相，意图引发网民"围观"，给政府机关制造舆论压力，增加"讨价还价"的筹码。

小读者们如何甄别什么是网络谣言，做到防患于未然呢？第一，要认识到谣言无处不在，并做好心理准备，及时识破。第二，**对于**

信息出处一定要留意，更多地选择官方渠道的信息，关注政府网站及主流媒体消息，对小道消息不要盲从盲信。第三，要加强科学知识的学习，提升自身的谣言鉴别能力。那些脱离事实依据、不符合常理的谣言会不攻自破。

对于真正困扰自己的谣言，可以向专业的部门寻求帮助。比如，健康保健类的谣言就可以咨询医院的医生；如果遇到图片类的内容，可以利用现在的搜索引擎查找其是不是谣传的假图。如果自己无法判断事物的真假时，不要急着评论和传播，避免自己成为不法行为中的一个环节。

上课的时候，大家发现芈汉杰没来，于是在食堂吃午餐的时候，格格向芈浩然打听。芈浩然说这再正常不过，哥哥每周都要去全国各地参加围甲联赛，已经提前和学校报备过了。格格说："是啊，之前你哥说过，我把这茬给忘了。哎，对了，上周五你哥的车被灭火器给砸了，查清楚是谁干的了吗？"

　　芈浩然说这次运气不错，第二天就找到肇事者了，对面楼上安装的摄像头拍到了全部过程。肇事者是十楼一家的熊孩子，才九岁，晚上闲得没事干，不知为什么，抄起楼道里面的灭火器顺着窗口丢出去了。警察和哥哥登门的时候，发现他家楼层的灭火器确实少了一个，这就对上了。

　　小灵通问，他家赔偿你哥全部损失了？

　　芈浩然说人赃俱获，由不得他家抵赖。不过他家情况有一点特殊，是租房子住的，警察还找到了房东，一起登的门。在他家赔偿损失之后，警察和房东很严厉地告诫他家，要是再有类似的危害行为发生，这间房子就不能继续出租给他家，他们只能搬出这个小区，另找地儿了。

　　格格和竹子不解地问这么做合法吗？一码归一码，他家熊孩子确实做错事情了，他家家长也确实没尽到监护人的职责，该赔偿的赔偿，但是能否因此把租户赶出小区呢？

检察官提示

本章中，扔灭火器的孩子属于限制民事行为能力人，给他人造成的损失，应当由其监护人，即父母承担赔偿责任。

至于他家能否继续租赁房东家的房屋，这个问题在我国相关法律中没有明确规定，但是根据《民法典》的意思自治原则，在房屋租赁合同中普遍约定了解除条款。

以北京市的房屋租赁合同示范合同（格式合同）为例，其中关于解除合同的条款有一项规定为"制造治安、消防安全隐患，且拒不改正的"。

由于我国《民法典》规定了高空抛物造成人身伤害或财产损失都属于侵害他人权益的违法行为。如果本章中的房东和孩子的父母之间签订的房屋租赁合同中约定了相关解除合同条款的话，实际上房东是可以根据"制造治安、消防安全隐患，且拒不改正的"这一条直接解除租约，且不需要承担违约责任。

法条
链接

《中华人民共和国民法典》

第十九条　八周岁以上的未成年人为限制民事行为能力人，实施民事法律行为由其法定代理人代理或者经其法定代理人同意、追认；但是，可以独立实施纯获利益的民事法律行为或者与其年龄、智力相适应的民事法律行为。

第五百六十二条　当事人协商一致，可以解除合同。

当事人可以约定一方解除合同的事由。解除合同的事由发生时，解除权人可以解除合同。

第一千一百八十八条　无民事行为能力人、限制民事行为能力人造成他人损害的，由监护人承担侵权责任。监护人尽到监护职责的，可以减轻其侵权责任。

有财产的无民事行为能力人、限制民事行为能力人造成他人损害的，从本人财产中支付赔偿费用；不足部分，由监护人赔偿。

由于几个男生一直在说话，这次女孩们吃得快，竹子、格格和小魔女几个先吃完，一起去洗餐具了，却见芈浩然有点神色怄怳不安，好像还有什么话要和小灵通说的样子，小灵通正要开口问他，却见他起身去添饭了。小灵通看左右无人，赶紧问门墩儿他和小魔女在搞什么鬼。

门墩儿说不是说了是关于养金鱼的事儿吗？

小灵通白眼一翻："我说门墩儿，咱俩可都是'本地狐狸'，别跟我这儿玩儿聊斋。还你家养金鱼的经验？要说你家吃鱼的经验那倒是挺丰富，阿姨做得好吃啊，我也没少蹭。可要说是养个花草鱼虫，阿姨那可是杀手级别的。就说仙人掌吧，那可是在沙漠里都能顽强生存的植物啊，在阿姨手里，愣是没活过仨星期。"

门墩儿辩解道："那是浇水浇多了，当荷花养了。"

小灵通说："咱先不提这烂根的仙人掌，就说去年国庆我送你的那只小乌龟，多漂亮，一对眼睛还是金眼圈的，你怎么说？"

门墩儿说："这不到了冬天，我妈看它一动不动，喂的东西也不吃，怎么碰也没反应吗？最后我们娘儿俩边哭边把它埋在楼下的小花园里面了——谁成想你后来跟我说，乌龟会冬眠啊。"

小灵通两眼望天，一脸无语地说："是啊，你俩活埋了我半个月的零花钱。哎哎，别打岔，赶紧从实招来，你跟小魔女鼓捣啥呢？"

门墩儿嗫嚅着说："我答应她了，要绝对保密，反正到十一的时候你们就都知道了，现在就算打死你，我也不说。"

　　小灵通心里琢磨着这句话好像哪里有点不对劲，刚想说这家伙啥时候学会重色轻友了，却听小魔女的声音从食堂门口传来。"あなたが中国の歴史上最も偉大な詩人に尊重してほしいです！ ①"

---

　　①　意为"希望你对中国历史上最伟大的诗人保持尊重"。

第九章

选举风波

小魔女嗓门大，这一串流利的日语一出口，转眼间，食堂里面所有人的眼光都瞟向了食堂门口。小灵通和门墩儿吓了一跳，他俩知道小魔女平时汉语说得挺流利的，最多夹杂一两个日语单词，这回来了这么一长串日语，显然是情急之下，顾不得组织汉语词汇了，赶紧三步并作两步跑到食堂门口，一看和小魔女对峙的那位，俩人心说，得，这可真是跟小魔女棋逢对手、将遇良才。小魔女是魔女，这位呢？则是班级里面的"混世魔王"——富二代关兴。

　　小魔女来学校快半年了，跟关兴基本上没打过交道。这么说吧，小魔女上次看到关兴还是穿短袖的季节，现在都快改穿长袖了。关兴这孩子一贯厌学，没事儿总以各种理由请假，请假条还写得挺"规范"。像去年有一回他请假，请假条上写的理由是"明天去做四肢末端无神经角质切除手术"，把当时的班主任吓一跳，心说居然要动手术啊，赶紧准假。可是过了好多天才反应过来，这不就是剪指甲吗？把班主任老师给气的。

今天小魔女、竹子、格格等几个女孩吃完午饭，收拾完餐具，溜达到食堂门口边晒太阳边等小灵通、门墩儿他们。几个女孩没事聊聊天，话题不知怎么的又聊到了李白身上，大伙儿都对这位诗仙顶礼膜拜。格格更是说诗圣杜甫是中国古代第一诗人，他的诗普通人还可以学，但李白是谁啊？他是仙哪。"昔年有狂客，号尔谪仙人"①，贺知章都这么评价李白，他的诗普通人根本学不了，全是仙气，不沾人间烟火，没法学……

———————————

① 出自杜甫怀念李白的名作《寄李十二白二十韵》。"狂客"是指诗人贺知章，晚年自号"四明狂客"。

"切，一个刺客而已，咋还跟诗扯一块了？"关兴傲慢的声音从旁边飘过来。

格格瞪了关兴一眼，心说没文化真可怕。

竹子等人在一旁听到关兴大放厥词，又看到格格难看至极的脸色，心说真是冤家路窄。原来格格和关兴还真有过一番过节。

一年前，初二新学期刚开学的时候，那时离郑老师成为他们的新班主任还有一个学期，小魔女还在日本偷偷使用班主任老师的电动剃须刀刮猕猴桃①。根据学校的布置安排，新学期伊始，各个班级的惯例就是选举新班委会。以前班委基本都是由班主任根据同学们在学校一阶段的表现来指定。

_____

① 详见本系列丛书《小魔女的汤》。

　　但是现在情况就不一样了，首先学校想要培养学生们初步的民主意识，而且初二的学生们普遍处于青春叛逆期，如果完全由班主任指定班委，同学们容易对其产生一定的逆反心理，不利于班级工作的开展。

　　因此，新学期的第一个任务就是让同学们自己选举出班委会来管理班级，这涉及后两个学年的管理工作，不能轻视呢。虽然班主任还没布置，但是这件事已经是公开的秘密了。毫无疑问，在初二（二）班，格格的呼声是最高的，她之前在小学就担任过多年班长，管理班级的经验非常丰富。在初一一年的班长工作中，她认真负责，协助班主任老师管理班级，在同学们当中威望很高。以前她还有个缺点就是有点骄傲，但是家庭的变故磨砺了她的身心①，现在她身上已经没有一丝一毫"骄傲的孔雀"的影子了。所以在大部分同学心中，格格是班

────────────

　　① 详见本系列丛书《失败的营救计划》。

长的当然人选。

可是有人一直不服格格，谁啊？当然就是这位关兴大少爷了。

关兴家出身不一般，祖上是大清贝勒爷，做过西安将军，辛亥革命后家道中落，但是二十世纪八十年代后借着改革开放再次崛起，后来靠做房地产发了家，本市相当一部分商品房小区都是他们家公司开发的楼盘。关兴是他们家独苗，平时惯得没样，不爱学习，一看书就头疼，平时心里琢磨得最多的就是怎么从学校逃学。班主任家访时曾经劝说过，让他多读读中国古代四大名著，结果他得意洋洋地说自己只喜欢读"美国四大名著"。班主任心想还有这么一说？就问他是哪四大名著，关兴回答说是美国队长、蜘蛛侠、变形金刚、阿凡达……

关兴为人还挺嚣张，自夸要不是因为孙中山，自己生下来就该世袭二等巴图鲁，御赐黄马褂。每次吹牛，几个死党就在一旁玩儿命捧他。不过要问同学们和一位世袭二等巴图鲁天天在一块儿学习是什么感觉？大家都说没感觉。溥仪说得好："朕的大清都亡了，说这些有什么用？"所以，除了他那几个死党，其他人都只佩服学霸，对于关兴是惹不起躲得起。关兴也无可奈何，于是天天看格格不顺眼，谁让格格威望最高呢。

这不，关兴这回做梦都想当班长，铁了心在竞选问题上跟格格叫板。课间聊天时，小灵通几个跟格格聊了这件事，只见格格秀眉一挑，说道："各位，我当不当这个班长没关系。但是当了班长，就要帮助班主任和所有任课老师，给班级四十多位同学创造一个安定且积极向上的学习环境。我可以不当这个班长，但是，我也绝对不允许不爱这个班集体的人来当班长瞎胡搞。绝——对——不——允——许！"

小灵通几个赶紧安抚格格，说："你是我们的老班长了，初一这一年来你的辛苦大家都看在眼里，放心，同学们只要心还没瞎的，肯定都支持你。"竹子有心，皱着眉头说："关兴这次这么嚣张，还放出风声来，肯定不是没缘由的，我们得注意他是不是在背后捣鬼，明枪易躲、暗箭难防啊。"

门墩儿说："还能咋捣鬼啊？难道是找一群不同肤色的孩子，在格格竞选演说时跑到讲台上抱着她的腿，喊她爸爸①？可是格格是女孩啊。哎呦，竹子你掐我干吗？"

第二天班会上，班主任果然向大家布置了选举新班委会的任务。

---

① 美国著名文学家马克·吐温的代表作、短篇小说《竞选州长》中的经典桥段，对西方国家选举中大肆对竞选对手造谣中伤的行为进行了辛辣的讽刺。原文是："最后，党派斗争的积怨对我的无耻迫害达到了自然而然的高潮：有人教唆 9 个刚刚在学走路的包括各种不同肤色、穿着各种各样的破烂衣服的小孩，冲到一次民众大会的讲台上来，紧紧抱住我的双腿，叫我做爸爸！"

检察官提示

选举权和被选举权是现代社会公民的基本政治权利之一。选举权是公民选举国家代表机关的代表与其他公职人员的权利，被选举权则是公民被选任为国家代表机关的代表或其他公职人员的权利。

选举权和被选举权通常由一国宪法、法律规定并受到保护。在我国，凡年满18周岁的中国公民，不分民族、种族、性别、职业、家庭出身、宗教信仰、教育程度、财产状况、居住期限，都享有选举权和被选举权，但依法被剥夺政治权利的人除外。

我国的选举权和被选举权是一种广泛的政治权利。也就是说，**具有中国国籍、享有政治权利、符合法定年龄，只要具备了这三个基本条件，并履行了相应的法律手续，就可以享有选举权和被选举权。**

本章中，同学们都是未成年人，不享有选举权和被选举权。但是他们迟早要享有这些权利，通过竞选班长和投票选举班长，是对这两项政治权利的最好演练方式之一。

法条链接

《中华人民共和国宪法》

第三十四条　中华人民共和国年满十八周岁的公民，不分民族、种族、性别、职业、家庭出身、宗教信仰、教育程度、财产状况、居住期限，都有选举权和被选举权；但是依照法律被剥夺政治权利的人除外。

很快到了竞选的日子。同学们一个个神采奕奕，端坐在座位上，准备投出自己宝贵的一票。候选人只有两个人：格格和关兴。格格首先走上讲台，将自己精心准备的关于管理班级的理念阐述给大家，没有一句华丽的辞藻，只有平和的话语，核心就是一句，要让初二（二）班形成"学习积极向上，生活生动活泼"的氛围。同学们热烈的掌声说明了大家的态度。

关兴走上讲台，他的演讲和格格相比，差得实在有点离谱，可见"美国四大名著"对于提高他的文学素养没有半点儿帮助。他的演讲结结巴巴不说，内容上一连串比喻、排比、反问各种修辞手法无一不用，看似气势磅礴，大家一听，得，还是从作文书上抄的。讲到自以为精彩的地方，关兴还特意停顿了一下，心想"此处应有掌声"，结果一看讲台下面同学们一个个面面相觑，无动于衷。他的一个死党"啪"刚鼓了一声掌，看到身边同学关爱智障的眼神，立刻停下手来。关兴感到甚无颜面，也只好讪讪地接着讲下去。

候选人演讲完之后，大家有五分钟公开讨论的时间，然后就把票放进了投票箱。只见关兴气定神闲，一副志在必得的架势。然而，唱票结果毫无意外，班级一共四十二人，全部出席，投票四十二人，有效票四十二张，其中支持格格的多达三十六张，支持关兴的五张，还有一张弃权票。大家纷纷鼓掌，祝贺格格当选班长。

这时，只见关兴涨红了脸，举手要求发言，旁边他的死党玩儿命拽他袖子，他仍然坚持要求发言。班主任点头示意，只听他站起来说道："老师，我对这次选举结果表示质疑。我有充分证据证明，叶雨阁同学作弊了。我要求对全部选票进行公开查验。"

关兴的话，恰似平地里响起了一个炸雷，有几个同学不由自主地低下头去。格格也吃了一惊，不过迅速平复了——没做亏心事，不怕鬼敲门嘛。只见拽关兴袖子的死党都快哭出来了，低声说道："我的小爷，赶紧认输吧，再说下去就该丢人现眼了。"关兴也犟，七个不服八个不忿地站在那里，瞧这架势，不把格格打败誓不罢休。

倒是小灵通他们几个，坐在那里，一脸坏笑，一副看美国大片的表情。竹子还向格格抛了个飞眼。

班主任微微一笑，问道："关兴同学，你的证据是什么？""班级本来应该有二十六票选我的，现在票数不对，肯定是叶雨阁在作弊。嗯，说不定还是联合唱票的同学作弊。"关兴气呼呼地说道。负责唱票的两位同学也很生气，其中一个性子急，挽起袖子就想跟关兴"交流"一下。

班主任摆手制止了这位激动的同学，她接着问关兴："那么关兴同学，你怎么知道班级本应该有二十六票选你的？""因为，我……"说到这里，关兴鬓角的汗直往外冒，说不下去了。他的死党死死捂住脸，"扑通"一声趴倒在课桌上。

班主任笑着从衣兜里拿出一个信封，问道："关兴，这是不是你的五千二百元钱？我相信这应该都是你父母的钱，虽然你的家庭比较富裕，可是也不要把父母辛辛苦苦挣来的钱花在收买选票这件事情上。"

"轰"的一声，班级炸了营，关兴一脸尴尬地呆立在那里，恨不得找个地缝儿钻进去。

原来，自打班主任安排班长竞选后，格格精心准备竞选去了。小灵通他们几个却密切注意班级动向，广播很快得到了"线报"：关兴正让他的一个死党出头，用两百元一张选票的价格大肆收买同学们呢。"听说现在已经收买二十多张了。"几个人悄悄开秘密会议的时候，广播说道。

"那不就过半数了？咱们得赶紧向班主任反映去。太不像话了，小小年纪就玩这套。"门墩儿一脸愤慨，不过他还有点疑惑，"咱们有确切证据吗？班主任不相信咱们怎么办？"只见竹子嘻嘻一笑，掏出一样东西："哎，感谢这支录音笔吧，有个女生被关兴那个死党上门收买过，但是因为我帮她补过不少课，她思前想后拒绝了，我知道后就把录音笔给了她，让她帮忙来个请君入瓮。哎，我可真是个小机灵鬼儿啊。"得，竹子跟小灵通在一起时间久了，连他的口头禅都学来了。

听完几位同学的汇报，班主任一脸苦笑："关兴这孩子，唉……"接下来，关兴的那位死党被"请"进了班主任的办公室，在老师威严的目光下，他一股脑儿地全招了，包括他本人在内，关兴一共给了二十六个同学每人两百块钱。本来绝大部分同学都是拒绝的，于是他就替关兴出面威逼利诱，一会儿说关兴家里有黑社会背景，得罪了他没好果子吃；一会儿说班级其他同学都拿了，你不拿，等关兴当了班长，天天给你小鞋穿……不少胆小的同学吓得收下了，当然也有一些同学根本不吃他这一套。他一看反正数量也过了半数，就没再继续收买。

门墩儿后来得意地说："瞧瞧我这一身正气，行贿的都不敢上门。"小灵通白他一眼说："那是因为咱们几个跟格格关系好，不但没法收买还会打草惊蛇，关兴是个草包，他那死党可不笨。"竹子疑惑地问怎么这个死党这么卖力呢？就为了那两百块钱？广播说，听说关兴许愿给他，让他当副班长。

接下来的事情就好办了，班主任和被关兴收买的其他二十五个同学一一谈话。同学们一听班主任已经知道了这件事，纷纷松了口气，说自己也是出于无奈，这钱拿着都烫手，既没勇气退回去，又没勇气跟班主任坦白。于是，大家纷纷把钱交给班主任保管，其中也包括关兴的几个死党。这几位回去也不敢跟关兴说，就瞒着他一个，让他今天出了一个大洋相。

晚上吃饭的时候，小灵通跟爸爸妈妈聊起了这件事。"这事也太恶劣了吧？这不跟当年军阀曹锟①差不多了吗？现在的孩子，简直了。想想我们小时候多单纯。"妈妈感慨万分。"谁让人家是'世袭二等巴图鲁'呢？"小灵通揶揄道。"切，拉倒吧，猴年马月的老黄历了。你妈要论家谱，那是正宗的大唐皇室后裔，现在我们主编也没因为这个给我多开一毛钱工资啊。"妈妈不屑地说道。

爸爸说："你俩根本说不到点子上，说实话我挺替这个孩子的未来担心的。孩子与成年人的世界不一样，成年人在为人处事中会隐藏很多，而孩子

① 曹锟（1862—1938），中华民国初年直系军阀的首领，1923 年 10 月，通过重金大批收买或威胁国会议员，当选为第五任中华民国大总统。

像一面镜子，在接受家长传递的价值观后，不懂得隐藏，遇到问题就会将家长投射给他们的价值观马上反射出去。至于家长教育孩子的理念大多来自他们自身对社会的感悟，在社会中遇到这个问题时他们是怎么过这个坎儿的，他们就会把这个方法原封不动地教给孩子，他们觉得这就是真理。"

看到小灵通娘儿俩若有所悟地点点头，爸爸接着说："这次关兴想竞选班长，其实是好事，不管初始目的是什么，起码说明他有上进心。但是他却错误地拿钱收买选票，这说明什么？说明他耳濡目染，以为金钱能摆平一切，他的世界观已经被扭曲了。殊不知这个世界上有太多的事情是金钱搞不定的。"

小灵通说："没关系，我们的班主任多严格啊，学校氛围也很好，关兴肯定能变好。"爸爸说："父母是孩子真正的老师，孩子的家庭状况往往决定了这个孩子的一生。希望他的父母能尽早改变自己的做法，不要给孩子形成根深蒂固的观念。你们作为同学有机会也要劝劝他。"

　　选举风波过后，关兴很是收敛了一段时间，郑老师走马上任后，对班级管理严格，关兴也一直规规矩矩的，除了请假有点多，他和格格之间倒也一直相安无事。然而，两人之间芥蒂仍在，今天关兴跟几个死党没事儿在校园里面转悠，正巧听见格格和几个女孩在聊李白呢，半是为了呛格格，半是为了在女孩面前显摆一下自己的"特立独行"，关兴脱口而出："切，一个刺客而已，咋还跟诗扯一块了？"

　　几个中国女孩懒得搭理他，但是小魔女跟他不熟，也不知道关兴和格格的事情，只是听见关兴贬低她崇拜的李白，心中十分不忿，开口说道："关君，你这种说法，真是让我忍不住英俊地笑了，你对中国历史上最伟大的诗人，应该保持应有的尊重。"

同学们一脸黑线，心说小魔女这回是把"忍俊不禁"这个成语说错了。

"切，"关兴一脸不屑的样子，打断了小魔女的话，"会写诗有什么用？能把这诗换成钱吗？不能换成钱的本事一文不值，诗仙又怎么样，最后还不是穷困潦倒，病死在江边的一条破船上……"关兴说了一堆侮辱李白的话。

听到关兴这番奇谈怪论，同学们心中半是嘲笑他的浅薄，半是哂笑他的不学无术。但是，在小魔女耳中，这番话是对李白不折不扣的嘲弄与羞辱，只见她面色一寒，那一长串日语脱口而出。

第十章

防災演習

面对几个女孩，一贯欺软怕硬的关兴难免有些嚣张，不过他看到飞奔过来的小灵通和门墩儿，心想小灵通这小体格不足为惧，不过门墩儿……万一发生点啥冲突，哎呀，那可大事不妙，自己也好，身边几个死党也罢，没有一个能扛得住的……

关兴心中一凛，不由得向后退了一大步，却听"扑通"一声，自己撞倒了一个瘦弱的身影，回头一看却是胡萃琳。原来胡萃琳远远地看到小魔女和关兴起了冲突，赶紧过来看看同桌的情况，没想到关兴一后退，她躲闪不及，被撞倒在地。

几个女孩上前把胡萃琳搀扶起来，帮她掸去身上的尘土，却见胡萃琳满脸都是痛苦的神色，眼中竟然流下泪来。

"哎呀，琳酱，你这是怎么了？"小魔女怒气冲冲地回头瞪了关兴一眼。

"没事，没事，这不怪关兴。"胡萃琳强颜欢笑地站直身体，却"哎呀"一声又坐倒在地，眼泪大颗大颗地掉下来。只见她双手捂住左边膝盖，膝盖那里的裤子隐隐有鲜血渗出。

门墩儿一脸惊讶地望着关兴，说道："你小子内力好生深厚，一下就把人撞成这样了。"

小魔女推了他一把："去去去，武侠小说看多了吧？各位姐妹，咱们赶紧扶着琳酱去校医室看看怎么回事，要是不行就得去医院了。"

几个女孩点头称是，和小魔女一起搀扶着胡萃琳去了医务室。关兴也是一头雾水，心说该不是自己"美国四大名著"看多了，跟蜘蛛侠一样发生变异了吧？于是跟几个死党讪讪离去。小灵通看没什么事了，又看上课时间尚早，正想和门墩儿一起去操场玩会儿，突然有人从后面拍了他一下，回头一

看是芈浩然，只见他脸色非常不自然，欲言又止的
样子。

小灵通说："刚才吃饭的时候就看你神色有点
不对，有啥我能帮忙的吗？"

芈浩然吞吞吐吐地说："这事儿有点丢人，不
过必须得尽快解决，明天我哥就回来了，要是被他
发现非得打死我不可。你们不知道，我哥下棋风格
凶悍，打起我来更是贼残暴……"

小灵通做个手势说："打住，如果你的意思
不是想请我们和你哥一起揍你的话，还请直接说
重点。"

芈浩然讷讷地接着说道："我在手机游戏里充
了三千块钱。"

小灵通和门墩儿听罢一愣，只见门墩儿弯腰一
把抱住芈浩然大腿，"泣不成声"地说："土豪，我
们做朋友吧。"

芈浩然一脸郁闷地说："别闹了，都啥时候了，
你俩要是不帮我，明天我的屁股就要开花了。"

　　小灵通心说咱们都是初中生，哪舍得往手游里面充钱，那可是个无底洞啊。"我说你胆儿真够肥的，干吗充这么多啊？"

　　"这不上周五晚上咱们玩的时候，有个家伙嘲笑我啥皮肤都没有，穷得清新脱俗……"芈浩然毕竟是个孩子，看到对方嘲讽自己很生气，心想自己家再怎么说也算小康家庭，哥哥更是万里挑一的职业棋手，零花钱还从没缺过自己的，过年的压岁钱也还没动过呢。结果他一气之下，趁晚上自己一个人在家的时候（那时芈汉杰送小灵通他们下楼了），往游戏里面充了三千元。

　　结果第二天一大早，那股冲动劲头过去，芈浩然就开始后悔了。芈家家教极严，虽然他的父母现在不在家，然而哥哥芈浩然身为围棋国手，像一部精密仪器一样自律，对他的要求比父母还要严格。小时候芈浩然有一次闯了大祸，父母都没舍得动手，芈汉杰却狠狠揍了弟弟一顿，直到现在芈浩然还有点怕哥哥。幸好那两天芈汉杰忙活车的事情，周日晚上又飞到外地去比赛，没发现芈浩然的猫腻。

"唉，你们可不知道，我哥哥在我心目中就是个'狼人'啊。跪求二位给我出出主意。"芈浩然都带哭腔了。

小灵通说："听你那意思，只是把钱充了，还没买游戏里面的皮肤、道具之类的？"芈浩然点点头。

检察官提示

类似本章中芈浩然这种，未成年人因为一时冲动向网游中大额充值的情况在现实中屡见不鲜，毕竟未成年人的自制力相对较弱。从法律上讲，**玩网游的未成年人绝大多数分属于限制民事行为能力人，只能进行与他的年龄、智力相适应的民事活动，这种大额的充值开销显然是需要经过监护人同意的。**因此，可以以未经监护人同意为由向网游公司要求退款，当然要提供相应的未成年人充值的证明。

就绝大部分游戏公司的处理流程而言，如果是未成年人意外充值的话，家长可以提供资料证明给客服以申请退回，客服会将该号的信息提供给技术人员，技术人员查到这个号的消费记录，如果确认是未成年人充值的话，是可以退回的。

**法条
链接**

《中华人民共和国民法典》

第十九条　八周岁以上的未成年人为限制民事行为能力人，实施民事法律行为由其法定代理人代理或者经其法定代理人同意、追认；但是，可以独立实施纯获利益的民事法律行为或者与其年龄、智力相适应的民事法律行为。

听完小灵通的解释，毕浩然长出了一口气，说自己赶紧去联系客服，下次再也不敢这么做了。却听门墩儿问道："刚才你说你哥是个'狼人'，这是啥意思啊？每到月圆之夜就长一身毛，嗷嗷乱叫？
哇，好吓人。"

芈浩然白他一眼说："'狼人'是形容我哥比
'狼人'还要狠一点，你才长一身毛呢。"

走在放学的路上，小灵通问竹子中午胡萃琳那
是怎么了？不会真是关兴练了啥邪派武功吧？竹子
说这回还真不怨关兴，到了校医室，校医挽起胡萃
琳的裤腿，吓了大家一跳。只见她整个左膝盖血肉
模糊的，本来已经结了痂，今天让关兴撞倒了，好
几处口子又裂开了。

小灵通说不是她爸爸又打她了吧？竹子摇摇头
说胡萃琳自己说是不小心跌伤的，校医看着也像，
不过这么严重的伤口看样子像是从高处掉下来磕破
的，平时走路跌一跤肯定不会这么严重。校医给她
上药包扎了，说不用去医院。这时郑老师听到了消

息也赶到了校医室，就把胡萃琳带回办公室了解情况。

"哎，对了，勇凌，郑老师刚才布置了明天的防灾演习，我笨手笨脚的，到时你可要多照应着我点儿啊。"竹子向小灵通请求道。小灵通满应满许说那还不是小菜一碟？

结果当天晚上，小灵通发现自己不知怎么着凉了，发起高烧来，爸爸妈妈送他去医院挂了水，还好半夜退了烧。第二天小灵通让妈妈给老师请了假，坚持说自己没事，让爸爸妈妈去上班，不用陪伴自己，接下来躺床上给竹子发了个消息表示了歉意，然后迷迷糊糊地睡着了。

"叮咚"一声门铃，小灵通晃晃脑袋，从床上爬起来，打开门一看，果然是小伙伴们来看望他了。小灵通招呼大家快进客厅坐，回头却看见马小二呆呆地站在那里，湖蓝色的眼睛望着几位同学，干摇着尾巴。

这几位同学（除了小魔女以外）都是以前来过

小灵通家好多次，跟马小二混熟了的，知道这只二哈脑子不大好使，要是来了一位客人，倒是还知道给客人叼一只拖鞋，像今天这样，客人一多，它就一头雾水，只会傻摇尾巴示好。门墩儿、竹子、格格走过去，逐一摸摸小二的头，小二舔舔他们的手表示友好，却听到一声惊呼："美しいですね①！"

　　小灵通心中暗暗叫苦，心说要是早知道今天小魔女会过来探望自己，就应该事先把小二藏起来才对。想想小魔女家那只被薅光了毛的金毛，小灵通就感到一阵恶寒，脑海中不由得浮现出小二全身的毛被揪得一干二净，趴在角落里呜呜哭的样子。"哎哎，我说龚爱佳同学，那个……我们家狗挺凶的，你可千万别揪它毛啊。"

　　小魔女一撇嘴："马君你真能开玩笑，这条哈士奇一看就特别温驯，你瞧它眼神多单纯。"小灵通的心蓦然沉了下去。"不过请放心，我是不会揪

----

　　① 意为"真漂亮啊"。

它毛的，金毛的毛长，揪起来特别舒服，哈士奇的毛太短了。"小灵通心说谢天谢地。"哦，既然你不怕它，那就去阳台跟它玩会儿吧，多熟悉熟悉。来来来，咱们几个坐。哎，拜托你可千万千万别揪它毛啊。"

几位小伙伴坐到沙发上，小灵通拿来零食，一看闹钟，还没到放学时间。"怎么今天下课这么早啊，我睡了一天，快睡迷糊了，还以为已经到放学时间了呢。"大家说今天的防灾演习很是顺利，比预定结束时间早很多，学校就提前下课了。

这次防灾演习是学校在市教委的统一要求下，组织全校初中生进行的。话说校园安全可是一天都不能松懈，无奈学校对安全教育的重视程度不够。

市电视台最近播出了一期节目，关于中小学生安全意识的。面对记者的提问，很多学生的回答让人大开眼界。比如，记者问如果家里着火了怎么办？居然有学生回答说躲被窝里面，实在是匪夷所思。

　　节目播出后，市教委决定组织本市各所中小学校开展安全教育，很多学校还有针对性地组织了防灾演习。蓓蕾中学决定在学校进行一次防地震灾害演习，考虑到近年来我国处于地震高发期，部分地区甚至发生了严重地震灾害，这次演习还是很有必要的。这次演习的目的是，让在校学生掌握在发生地震时，如何开展安全自救。

　　在演习前的班会上，郑老师向大家详细讲解了当地震发生时，如何保障自身安全的知识要领，还让几位班委带头做了示范。小魔女还自告奋勇，给同学们补充了不少遗漏的方面，毕竟她在这方面"身经百战"。从小到大，她在日本自上幼儿园起参加过的类似演习起码有十多回了。大家听得非常仔细认真，很多同学还打开笔记本记下来不少要领，毕竟这些知识关键时刻是可以救人一命的。

检察官提示

　　学校只要开门办学，招收学生，实施教育教学活动，就有义务提供安全的教育环境，确保所有学生和教职工的安全。因此，学校安全的基本问题就是对在校师生进行有效的教育、管理与保护，防止学校安全事故的发生。

　　学生被送到学校后就由学校及其教师负责照管，学校及其教师有义务尽可能地使学生免受伤害。未成年学生的家长有理由要求学校建立完善的安全保障和管理制度，要求教育教学设施符合安全标准，消除学校中的各种事故隐患，把学生伤害事故的发生率降到最低。

　　本章中，**学校安排学生进行防灾演习，是对学生进行安全教育的最好方式之一。**

《中华人民共和国未成年人保护法》

第三十七条（第一款） 学校、幼儿园应当根据需要，制定应对自然灾害、事故灾难、公共卫生事件等突发事件和意外伤害的预案，配备相应设施并定期进行必要的演练。

下午两点半，随着一声铃响，地震演习开始了。大家按照之前老师讲解的要领，先躲藏在自己的课桌下面，等待了一会儿，发现地震震级不大，地面已经不再"摇晃"，再按照要求井然有序地一个班级一个班级地撤出教学楼。每个班级的班主任老师断后，在确认教室里面没有学生之后，也随着同学们撤退到操场上。

演习过程非常顺利，同学们一个个保持沉默，井然有序。不过，在撤退过程中，教学楼居然轻微摇晃了几下。撤退到操场后，大家都放松下来，嘻嘻哈哈地说这次演习真先进，模拟得非常到位，教学楼都能晃悠，特别有现场感。

这时有个同学疑惑地说，不对啊，教学楼怎么才能模拟地震的摇晃呢？大家才反应过来，原来刚才真的地震了，嘿，真够寸的。不过这次地震震级显然很小，大家都没当一回事，只是当成一次巧合而已。

听到这里，小灵通也笑了，难怪刚才自己睡得迷迷糊糊，觉得床摇晃了几下，还以为是自己的错觉呢。"虽然真的地震了，但是大家都没事就好。"却见格格撇撇嘴说："要是真这样就好啦，关兴就出事了，搞不好还要连累郑老师背个处分。"

原来就在演习的时候，大家刚撤退到操场上，关兴又琢磨着逃课的事情了。他也没法预见到学校一会儿就会提前放学，于是他趁着大家乱哄哄的没人注意，悄悄地溜了。这时郑老师按照演习流程还在教室里面确认是否有学生留下，没有和班级同学一起到操场上。等郑老师出来，一眼就发现关兴不见了，于是她立刻让门墩儿领着几个同学去寻找关兴，并及时向校领导做了汇报。

门墩儿在校园里面找了一圈也没找到关兴。今天因为全校演习，蓓蕾中学暂时封校了，问了门卫，没看到有人出去，学校大门还关着呢。门墩儿正要仔细再寻找下，格格跑过来让他回去，说关兴有下落了。原来关兴知道今天封校，大门出不去，于是从学校东面墙头翻了出去。问题是东墙外面是条窄窄的马路，他刚跳下去，一辆轿车就开了过来，幸亏司机反应快，猛打方向盘，只是剐蹭了他一下，但是仍然导致他左小腿腓骨骨裂。司机急忙把他送到医院，医院通知了学校和他的家长。

小灵通"哎呀"一声，说这回可不好办，自己也说不好这种情况下学校和郑老师是否要承担法律责任，等到晚上请教下爸爸。正在说话间，只听"砰"的一声，阳台的门被撞开了，小魔女哭着跑进来，哭得呜呜的："马君，你家狗疯了，居然咬人！"

第十一章

一个接一个的难题

大家被小魔女吓了一跳，小灵通赶紧飞奔过去把阳台门关上，隔着玻璃观察小二。前段时间小灵通出去遛小二，看到小区里面新添了一只漂亮的贵妃犬，是条雌犬，小二一脸献媚地凑过去，那只狗的态度却非常冷淡，鄙夷的眼神分明是在嫌弃小二，小二转身灰溜溜地走开了。小灵通想该不会是因为失恋，小二伤心过度，精神受刺激了，才暴起伤人吧？可是看到这二货叼着磨牙的骨头啃来啃去，一副没心没肺的架势，小灵通又觉得不像。

　　于是他回身找出纱布、绷带、碘酒，仔细看了看小魔女的伤势，松了一大口气，说："你千万别紧张，一点不严重，伤口看起来也就跟让钉子划了一下差不多。只不过咱们年纪小，血气旺盛，出血多了一点而已。不过，小二要是真疯了可不得了，有狂犬病的危险。你赶紧说说前因后果，让我们看看到底是怎么回事？"

等小魔女一把鼻涕一把泪地控诉完，小灵通松口气，心想还好不是狗的问题。

敢情刚才小魔女跟小二一会儿就混熟了，发现这条大狗确实性情温驯。这时在小魔女脑海中闪过一个念头，她记得有个动画片里，一个可爱的小女孩横坐在自家的大狗背上，一边狗头一边狗尾巴，正好是两个扶手，样子特别可爱。看到小二这么温驯，就想 COS① 一把真人版——这条狗狗不会这么不给面子吧？

今天是个难得的晴天，阳台上阳光充足，小二乖乖地趴那里晒太阳，头跟尾巴弯成一个半圆拱着，一副很享受的样子。小魔女一看，这不正好是

---

① 全称是 cosplay，指的是真人扮演动漫中的人物。

一个圈椅嘛。她也不客气，一拧腰，啪，就坐下了。其实，她本来只是想虚沾一下，做个样子，结果脚底下一个不利落，实打实地就坐到了小二的侧腰上。小魔女看起来瘦瘦小小，可毕竟是初中生了，起码也得七八十斤呢。只见小二立马就不再老实，开始呜呜挣扎，四爪乱挥。小魔女一手抓狗头，一手抓狗尾，脸上笑容灿烂，心想这感觉真舒服啊，干脆多坐会儿。

　　她舒服了，小二可太痛苦了。狗这种动物，和它的祖先狼一样，铜头铁尾豆腐腰，身子中段最怕吃分量。小魔女这姿势坐上去，小二当时就上不来气了——这简直是要谋杀啊。其实说实话，小二脾气够不错的了，一开始，光扑腾不咬人，那是它温驯惯了，寻思着小主人的同学们从来都没有恶意，跟他们相处都挺愉快的，干脆忍着算了。问题是，小魔女一坐下就不起来了，要是再不反抗，狗命可就没了。

　　为了保命，小二照着小魔女的手就是一口，"哎呀！！！"小魔女一声惨叫，惨案就此发生……

　　小灵通心说这实在怪不得小二，它实在是被逼急了。所谓狗急跳墙大概就是说这种事儿了，不过，这回小二没跳墙，改咬人了。

检察官提示

　　现在饲养宠物比较普遍，因饲养的动物（特别是宠物犬）造成他人人身损害，也是非常常见的情况。但是，饲养的动物致人损害，并不一定当然由动物饲养人或者管理人承担责任。下面我们就介绍一下当受害人有过错时，动物饲养人或管理人的免责事由。

　　受害人的过错主要体现在自己受到伤害并非动物主动进攻引起，而是因自身的故意或重大过失引起。这种情况下，责任由受害人承担。比如，受害人出于某种目的，对动物进行挑逗、殴打、投掷，以致惹恼动物，对自己造成伤害。

　　但是，根据法律法规或风俗习惯，某些动

物不能进入的场合，如果动物进入，即便受害人因自己的挑逗、殴打等行为导致伤害，饲养人或管理人也应承担全部责任。因为如果饲养人或管理人不首先违反法律规定，把宠物带入不应带入的公共场合，就不会有后面一系列事情的发生。因此，在这种情况下，无论被害人是否有过错，饲养人或管理人都应承担全部赔偿责任。

法条链接

《中华人民共和国民法典》

　　第一千二百四十五条　饲养的动物造成他人损害的，动物饲养人或者管理人应当承担侵权责任；但是，能够证明损害是因被侵权人故意或者重大过失造成的，可以不承担或者减轻责任。

　　小灵通把道理委婉地说给小魔女听了，小魔女也觉得心中有愧。其实，小二咬得并没有多疼，她哭成这样，多半是给吓的，于是抽抽噎噎慢慢地止住了哭声。小灵通往嘴里塞了点薯片，穿好衣服，一行人陪着小魔女去医院包扎、打狂犬疫苗。

　　路上小魔女又恢复了调皮捣蛋的模样，因为按照小灵通的说法，小二肯定没疯，打疫苗更多的是求个心安。既然没啥危险，一帮人再次恢复了少年本色，叽叽喳喳地闲聊起来。

　　"什么？花这么多钱？"晚上妈妈看到小灵通鼓起勇气交给自己的医院注射疫苗的收费发票，差点蹦到天花板上去。

　　"母上大人，您千万消消气，别气坏了身子。这已经是龚爱佳心中有愧，我俩商量一家一半了。我这还是大伙儿一起微信给我转账凑齐的呢，要不在医院就得给您打电话请求支援了，明天我得还给他们。"小灵通战战兢兢，仿佛听到了妈妈一颗心破碎的声音。

妈妈呆了半晌，突然大喝一声："拿刀来，我今儿个非把马小二做成狗皮褥子不可。"

小二见势不妙，撒腿逃到阳台去了。爸爸赶紧一把抱住妈妈："夫人，使不得，您这是本·拉登式报复行为……"

小灵通一家三口正闹得鸡飞狗跳，却听门铃"叮咚"一声。三人立刻停了手，赶紧整理下衣服，妈妈收拢了一下脸上散乱的头发，爸爸去开门，门外却是郑老师。

郑老师一贯落落大方，这次也是开门见山："二哥，嫂子，这次我是以私人身份来拜访您二位，主要是有两个法律问题实在是吃不准，想请教二哥这个法律专家。"爸爸说："哪里哪里，帮你出出主意罢了——是说今天那个叫关兴的学生意外受伤的事情吧？"

检察官提示

有些家长认为，既然我们送孩子上学，就是把孩子的监护权交给了学校，因此，学校有义务承担孩子在校期间的监护职责。如果孩子跑出学校发生意外伤害事故，就应追究学校的监护责任。这其实是一种误读。

我国法律规定，未成年学生父母或其监护人应当依法履行监护职责，学校对未成年学生不承担监护职责。换言之，学校并非学生在校期间的监护人。因此，**如果学生在校或擅自离校期间发生的、造成学生人身损害后果的事故，如果学校行为并无不当，不承担事故责任。**

当然，如果学生离校过程中，学校有行为不当的，例如，学生从校门擅自离开，而门卫并未阻拦，说明学校在门卫管理上有漏洞，应该负这部分管理责任。

在本章中，关兴擅自翻墙离校，学校行为并无不当，不应承担责任。关兴受伤的责任应当由肇事车辆按照过错程度承担。考虑到关兴本人的过错（突然从墙头跳下），他自己也要承担一部分责任。

法条
链接

《学生伤害事故处理办法》

第十三条 下列情形下发生的造成学生人身损害后果的事故，学校行为并无不当的，不承担事故责任；事故责任应当按有关法律法规或者其他有关规定认定：

（一）在学生自行上学、放学、返校、离校途中发生的；

（二）在学生自行外出或者擅自离校期间发生的；

（三）在放学后、节假日或者假期等学校工作时间以外，学生自行滞留学校或者自行到校发生的；

（四）其他在学校管理职责范围外发生的。

郑老师说:"听您这么一分析,我心里就有底了,不过第二个案子,可真是够邪乎的……"

爸爸一听,立马来了兴致,做法律工作的,对那些非常新奇的案子都是很有兴趣的。妈妈和小灵通也在一旁洗耳恭听,结果听郑老师讲完,几位心说这案子在中国历史上,也算是排的上号的奇案一桩。

这件事就是和胡莘琳有关了。之前郑老师、小灵通他们为帮助胡莘琳澄清撞倒老太太那件冤案①,曾经去她家及附近查访过。胡莘琳家房子比较特别,说平房不是平房,说楼房又不像楼房。

胡莘琳家所在的建筑是小区边上一栋孤零零的、面积很小的二层楼房。一层是一家国有五金店,卖各种五金零件,生意还算不错。二层才是她家,两室一厅一厨一卫。这个小区是个很老的小区,这套二层楼房也很有年头了,不知道胡家当初是怎么弄到这样一套房子的。她家房子看起来和一

①　详见本系列丛书《小魔女的汤》。

般的住家没有区别，但是在出行上很不方便：下楼的楼梯口就在一楼的五金店里面，而且和五金店隔了一道后门，胡家要想出门，必须穿过五金店的大堂，非常麻烦。想来当初设计这座楼房的人是将一楼、二楼作为一个整体加以考虑的，没承想后来这座楼房的一楼、二楼产权分别归属了两家。

还好之前胡家跟一楼的五金店相处融洽，五金店也理解胡家的难处，五金店前门、后门的钥匙是两套，店里一套、胡家一套。这样五金店下班后，胡家人出入也不受影响，而胡家晚上也充当了五金店半个守夜人的角色。有两回深夜，胡家听到下面的五金店有异响，赶紧打电话报警，使五金店免去两次失窃，五金店也甚是感激。

但是前段时间五金店的老店长退休了，换了个胖胖的中年男人过来。都说心宽体胖，可是这位新店长偏偏心眼儿小得跟芝麻粒差不多。而胡萃琳的爸爸是个急性子，生活中跟人难免有个磕磕碰碰，不知怎么得罪了这位新店长，结果有一天悲剧了。

那天胡叔叔下班早，哼着小曲儿进了五金店。他跟几个售货员打了招呼，却发现大伙儿今天看自己的脸色有点儿不对，心里正琢磨，走到了后门前。哎，不对，怎么今儿个大白天后门就锁上了？赶紧掏出钥匙，横戳竖戳就是插不进锁眼——锁被换掉了。

胡叔叔一脸发懵，赶紧问几个售货员这是怎么回事，几个售货员都避开他疑问的目光，假装整理货架去了。却见胖店长踱着方步，一步三晃，打着官腔对他说："哎呀，老胡啊，不好意思有个事儿要通知你呀。昨天领导来店里视察啦，说你家人天天从店里进进出出啊，而且店里前门后门钥匙你家人都有，这个有重大安全隐患，必须限期整改啦。因此我们只能出此下策啦，前后门的锁我们都换啦，钥匙就我手里一套啦。"

胡叔叔一脸惊愕地问："你把门都锁了，我家怎么进出门啊？"胖店长脸不红气不喘地说："我们店没有这个义务啦，怎么进出门是你家自己需要考虑的事情啊，跟我们没有关系的呀。不过，看在我们这么多年邻居的份儿上，店里正好有个铝合金梯子，上面有搭钩，你家可以用这个从窗户进出啊。"

胡叔叔气急败坏地说："你咋不说我家跟圣诞老人学习，从烟囱进出呢？"胖店长皮笑肉不笑："那是因为你家用煤气做饭，没有烟囱呀。"胡叔叔气得举拳要揍胖店长，却被售货员们死死地抱住，纷纷劝他打人犯法，打输了进医院，打赢了进派出所，不值得。有个关系跟他很好的售货员小声地告诉他，这是胖店长给他上眼药呢，几个售货员也替胡家说过话，可是胳膊拗不过大腿，还得在这儿上班挣钱呢。再说前后门确实是五金店的产权，人在屋檐下，不得不低头，让他先忍两天，慢慢再图良策。

胡叔叔一想这位说得很有道理，便忍气吞声地扛起胖店长说的铝合金梯子，架在自家二楼窗户上，一步一步爬了上去。刚跨过窗户便听胖店长在底下喊："哎呀，老胡啊，我可没说这个梯子是白送你的呀，这个梯子卖290的，不过你要是不买也没事，我一会儿就让售货员收走呀，就当免费借给你用一次吧。"

胡叔叔气得七窍生烟，心说你要是把梯子拿走，我家人明天岂不都得跳楼出去？掏出三百元现金往下一扔，回道："不用找了，多余的钱自己买药吃吧！"胖店长也不动气，嬉皮笑脸地捡起钱，"哈哈哈……"扬长而去。

从此胡家人就过上了天天爬梯子，从二楼窗户进出的日子。胡萃琳自己和她爸爸妈妈倒还好，问题是家里还有奶奶呢，从前后门换锁那天起，老人家就再也没下过楼，毕竟这么大岁数的老人爬梯子实在是太危险了。胡叔叔只好找居委会，可是居委会也从没遇见过此类情况，听说后工作人员一个个也是瞠目结舌。后来居委会把胖店长和胡叔叔叫到一起进行调解，胖店长除了会打哈哈，一说到实质问题——啥时候能让胡家正常进出——就避而不谈，还装模作样地说胡家人从国有商店里面进进出出，这是国有资产流失啊，要是市国资委问责下来，居委会承担不起这责任……

居委会的调解员也气得够呛，心说这不就是一块"滚刀肉"嘛。只好忍着怒气，动之以情晓之以理，企图用胡家老奶奶的处境说服胖店长。"您看这二楼房子朝向不好，东西向的，老人窝在家里这么多天了，几乎照不到阳光，身体吃不消啊……"胖店长说："哎呀，对于老人的不幸遭遇，我代表小店和市国资委深表同情啊，我有两个解决方案，可以供胡家参考啦。一个是我们店捐给胡家一面大镜子，四十五度角固定在客厅窗台上，利用折射原理，每天可以让老人照二手阳光啊。"胡叔叔捏紧拳头，额头上青筋暴起，咬着后槽牙问那第二种方案呢？

"那就是在你们进出的窗户外面安装一个辘轳①，我们店再捐给你家一个大筐，老太太想出去晒太阳，就装大筐里用辘轳放到地面，晒够了再坐筐里用辘轳收回来……"

---

① 民间提水设施，流行于北方地区。由辘轳头、支架、井绳、水斗等部分构成。利用轮轴原理制成的井上汲水的起重装置。

第十二章

说服力 max
的郑老师

胡叔叔大吼一声向胖店长扑过去，居委会各位工作人员赶紧死死抱住他，不过那位调解员趁大家没注意，偷偷踢了胖店长几脚……

　　胡家近来为这件事烦心得很，也不知道该怎么维护自己的权益。胡萃琳这天上学，下梯子的时候不慎从离地面一米多高的地方掉了下来，磕得左膝盖血肉模糊。她是个懂事的孩子，怕爸妈再着急上火，就没跟爸妈说，一瘸一拐地到了学校，本来一上午愈合了一些，结果中午被关兴不小心撞倒，导致伤口破裂，让她彻底疼哭了。

郑老师听胡荦琳抽抽噎噎地说完，也是给气得够呛，心说这世上怎么还有这么损人不利己的人。郑老师连连安抚胡荦琳，可是以她大学时代选修的法律课那点儿有限的知识，还真不清楚这件事应该怎么处理。接着第二天又发生了防灾演习关兴溜号受伤的事情，索性一并来请教未来的大伯哥① 了。

小灵通一家三口面面相觑，心说这案子案情并不复杂，可是要论离奇的程度，这种硬是逼着不让人家走门，天天爬窗户的案子，上下五千年，古今中外，好像就听说过这么一起。

---

① 指丈夫的兄长。丈夫的弟弟是小叔子。

检察官提示

　　本章中，胡家与五金店的纠纷，涉及我国《民法典》中规定的相邻关系。所谓相邻关系，是指两个或两个以上相互毗邻的不动产的所有人或使用人，在行使不动产的所有权或使用权时，因相邻各方应当给予便利和接受限制而发生的权利义务关系。就本案而言，涉及的是关于邻地的通行和使用，即穿越邻地至公共通道的通行权。因为胡家必须穿过五金店的大堂才能进入公共领域，因此五金店有向胡家提供通行便利的义务，而非像五金店经理强词夺理所说的那样。

　　无论是法律规定还是民间习俗，**相邻各方在行使所有权或使用权时，要互相协作，兼顾相邻人的利益**。以邻为壑、损人利己的行为，是与相邻关系所应遵循的原则相悖的。一如本案中，五金店经理恶意刁难，阻止胡家行使正常的通行权，不仅违反了法律规定，也不符合民法的公序良俗原则。

《中华人民共和国民法典》

第二百八十八条　不动产的相邻权利人应当按照有利生产、方便生活、团结互助、公平合理的原则，正确处理相邻关系。

第二百八十九条　法律、法规对处理相邻关系有规定的，依照其规定；法律、法规没有规定的，可以按照当地习惯。

第二百九十一条　不动产权利人对相邻权利人因通行等必须利用其土地的，应当提供必要的便利。

爸爸根据法律和风俗习惯详细解释了一番，郑老师若有所思地点点头："不过，从五金店店长那一副'滚刀肉'的愈懒样子来看，光用这个恐怕不能说服他，那就得上法院打官司了。虽然胡家肯定能

赢，但是官司一打半年多，我可不忍心看着自己的
学生再爬上半年窗户，二哥，还有啥好办法没？"

　　本案中胡家如果想尽快恢复自己通行的权
利，可以在起诉五金店后，立即向法院申请先
予执行。

　　先予执行，是指人民法院在受理案件后、
判决作出之前，根据一方当事人的申请，裁定
对方当事人向申请一方当事人给付一定数额的
金钱或其他财物，或者实施或停止某种行为，
并立即付诸执行的一种程序。

　　先予执行的着眼点是满足权利人的迫切需
要。民事案件从起诉到作出生效判决，需要经
过较长的时间，如不先予执行，等人民法院作
出生效判决后再由义务人履行义务，就会使权
利人的迫切需要无法及时得到满足。人民法院
依法裁定先予执行，就可以解决这个问题。

　　民事诉讼法规定的先予执行适用的案件范

围是：第一，追索赡养费、扶养费、抚育费、抚恤金、医疗费用的案件；第二，追索劳动报酬的案件；第三，因情况紧急需要先予执行的案件。根据最高人民法院的有关司法解释，所谓的情况紧急，主要是指下列情况：需要立即停止侵害，排除妨碍的；需要立即制止某项行为的；追索恢复生产、经营急需的保险理赔费的；需要立即返还社会保险金、社会救助资金的；不立即返还款项，将严重影响权利人生活和生产经营的。

胡家面临的窘境就是因为五金店给其出行造成了妨碍，属于可以申请先予执行的"需要立即停止侵害，排除妨碍的"此类情形，且属于"当事人之间权利义务关系明确，不先予执行将严重影响申请人的生活或者生产经营的"情况。

《中华人民共和国民事诉讼法》

第一百零六条 人民法院对下列案件，根据当事人的申请，可以裁定先予执行：

（一）追索赡养费、扶养费、抚育费、抚恤金、医疗费用的；

（二）追索劳动报酬的；

（三）因情况紧急需要先予执行的。

第一百零七条 人民法院裁定先予执行的，应当符合下列条件：

（一）当事人之间权利义务关系明确，不先予执行将严重影响申请人的生活或者生产经营的；

（二）被申请人有履行能力。

人民法院可以责令申请人提供担保，申请人不提供担保的，驳回申请。申请人败诉的，应当赔偿被申请人因先予执行遭受的财产损失。

最高人民法院《关于适用〈中华人民共和国民事诉讼法〉的解释》

第一百七十条　民事诉讼法第一百零六条第三项规定的情况紧急，包括：

（一）需要立即停止侵害、排除妨碍的；

（二）需要立即制止某项行为的；

（三）追索恢复生产、经营急需的保险理赔费的；

（四）需要立即返还社会保险金、社会救助资金的；

（五）不立即返还款项，将严重影响权利人生活和生产经营的。

爸爸把法律和司法解释都说完，郑老师喜上眉梢，站起来鞠个躬说谢谢二哥。爸爸也赶紧站起来说，一家人不说两家话，千万不要这么客气。郑老师说："我这是代表胡萃琳一家谢谢你，这关系到学生的健康成长，我责无旁贷，今天听二哥这么一指导，我心里已经有了大体思路，现在有七成把握能尽快解决胡家的困境。"发觉天色已晚，郑老师便起身告辞而去。

郑老师走后，妈妈感叹说："这姑娘古道热肠、侠肝义胆，千里将来要是娶了她，当真是前世修来的福分，咱们这当哥哥嫂子的可以彻底放心了。"爸爸点头表示认同。忽然，一家三口沉默了下来，他们都想起了正在为国效命的叔叔。半晌，爸爸抬起头来，望着窗外的明月，喃喃说道："后天就是中秋了，但愿人长久，千里共婵娟。"

过了一周多，有天上课，小灵通发现胡萃琳走进教室，一副喜滋滋的样子。小灵通心说有戏，于是课间和一群小伙伴围住她，问她是不是不用再爬梯子了？——胡家这事早就在学校传开了。

胡萃琳头点得像小鸡啄米，说："真是感谢郑老师为我家这事来回奔波，居委会还以为她是我家亲戚呢。知道她只是班主任之后，一个个都竖大拇指，说这位老师不仅关心学生，还有勇有谋，不愧是'学高为师，身正为范'。"

大伙儿好奇地问，郑老师是怎么把这事搞定的啊？

胡萃琳说自己也是听她爸爸转述的："好像是郑老师先给胖店长进行了一番普法教育，告诉他五金店的前后门我家享有法律规定的通行权，他这么干是违法的。"

"那郑老师这一番话就吓得店长乖乖把锁打开了？"广播问道。

"怎么可能？那胖店长心老黑了，很嚣张地跟郑老师说他就是不打开能咋的？"胡萃琳接着说道，"郑老师心平气和地告诉他，他打不打开无所谓，我们会向法院起诉，立即申请先予执行。法院会立即派法警过来强制打开门锁，因为他锁门已经严重影响了我们的正常生活。这时胖店长脑门已经有点见汗了，但是他还嘴硬，说看是法院开锁快还是他锁门快，他们来开锁，前脚走了后脚就再锁上"。

"是啊，这家伙绝对能干出这事儿来。"大伙儿一脸担忧。

"嘿嘿，郑老师告诉他，这种事只要有一次，他就是拒不执行判决。首先法院会对他有惩罚措施，他锁一次就可以罚款或者司法拘留他一次，更为严重的是，如果我奶奶爬梯子不小心摔了，他要赔偿全部损失不说，后果严重的话，还有可能被判拒不执行判决、裁定罪——说到这里，那胖店长的汗，哗哗地流，一会儿就拿手帕擦一下。这可是秋高气爽的天气啊，外面可凉快了。"胡萃琳得意地说。

大伙儿心说，郑老师这可真是铁嘴钢牙，说服力太强了。

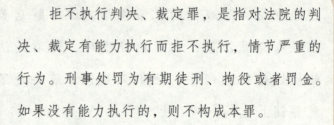

检察官提示

拒不执行判决、裁定罪，是指对法院的判决、裁定有能力执行而拒不执行，情节严重的行为。刑事处罚为有期徒刑、拘役或者罚金。如果没有能力执行的，则不构成本罪。

本案中，如果法院判决五金店打开锁，恢复胡家的正常通行，这个判决五金店是绝对有能力执行的。如果拒不执行，又导致胡家有人因为爬梯子摔成重伤的话，就有可能构成"其他有能力执行而拒不执行，情节严重的情形"，从而构成拒不执行判决、裁定罪，胖经理作为五金店直接负责的主管人员，就要承担相应的刑事责任。

法条
链接

《中华人民共和国刑法》

第三百一十三条　对人民法院的判决、裁定有能力执行而拒不执行，情节严重的，处三年以下有期徒刑、拘役或者罚金；情节特别严重的，处三年以上七年以下有期徒刑，并处罚金。

单位犯前款罪的，对单位判处罚金，并对其直接负责的主管人员和其他直接责任人员，依照前款的规定处罚。

"看到胖店长汗出得差不多了，郑老师不失时机地抛出了事先和我爸爸商量好的折中方案。就是五金店先把门打开让胡家正常通行，然后为了尊重五金店的产权，一劳永逸地解决这个矛盾，胡家把一面外墙凿个门出来，并外接楼梯。这样以后胡家就可以从楼梯出入，不再跟五金店发生任何关系，费用由胡家和五金店平分——这个是我爸的想法，他不想以后再和这家五金店发生什么瓜葛了——胖店长一听，忙不迭地点头表示同意，提笔就在和解协议上签了字。现在我家已经请人开工修门和楼梯了。"胡萃琳脸上乐开了花。

大伙儿纷纷鼓掌，庆祝胡家的纠纷圆满解决。格格不失时机地对胡萃琳说郑老师对她这么好，以后可得好好学习，不能辜负郑老师啊。胡萃琳连连点头。小灵通心想上次防灾演习后，关兴的家长自知理亏，也没来学校闹，看来以后很长一段时间里，初三（二）班会保持一个非常和谐的学习环境。

却听小魔女说道："等琳酱家房子装修完，要请大家去做客哦。"胡萃琳自然应允，小魔女又说："我妈妈打算投资一所海景房，明年夏天我们中考完，暑假我请你们去玩好不好？"

大伙儿听到能看海，自然一片欢呼。小灵通心说土豪就是不一般，问是哪里的海景房啊？

小魔女回答说是蒙古国。

"蒙古？哎呀，蒙古是个好地方啊，风吹草低……ちょっと待って①，蒙古？！蒙古有海吗？"大伙儿异口同声地问道。

"应该……有吧。"小魔女底气不足地回答，"广告上说这是蒙古海军上将开发的楼盘啊……哎呀，你们几个别躺地上啊……冷たい②……"

①　意为"稍等"。这里是说小魔女的几位同学和她在一起久了，学会了几句简单的日语。

②　意为"冰冷的"。

第十三章
去蒙古国看海

要说中国基础教育的扎实程度，在世界范围内都是领先的，起码上过初中地理课的同学，对中国地理和世界地理都能了解个七七八八。其他国家在这方面就不好说了，就说第二次世界大战末期，美国登陆欧洲战场作战，德国为了破坏美国军队的进攻，派出海量间谍混入美军大肆搞破坏，一度让美军非常头疼，不知道怎么才能把这些间谍从真正的士兵中揪出来。要说这些德国间谍英语说得确实不怎么样，可是美军里面的德裔士兵英语也不怎么样，光靠语言来识别还不行。最后还是美军参谋部有个参谋想出来一个鬼点子：挨个问美军士兵伊利诺伊州首府是哪里？回答是芝加哥的，说明地理知识很差，没错，是正宗的美国人。要是回答出正确答案——斯普林菲尔德，说明对美国地理知识钻研很深，打仗时只有间谍才会这么干，先抓了再说。这个方法推广开来，发现有奇效，揪出了一大批德国间谍。

小魔女的地理本身学得就不怎么样，她妈妈虽然学富五车，可是在地理方面也属于擀面杖吹火——一窍不通。所以当小灵通将一张世界地图摆在她面前，并且将蒙古国的地理位置指给她看的时候，只见她眼睛瞪得大大的。"哦，诸君，蒙古国好像离海确实有点远啊。"

小灵通幸灾乐祸地说不远不远，一点儿都不远，这不地图上才一拃多长吗？竹子白他一眼，用力掐了他胳膊一下。

格格幽幽地说道："龚爱佳同学啊，蒙古国距离海洋最近的边境城市是地处东南的扎门乌德特区，距离最近的海洋是我国的渤海，直线距离750公里。假设眼睛距地面高度是H（单位：米），那么地平线距离（单位：公里）为 $\sqrt{13H}$，简单计算，蒙古国一所能看见渤海的海景房海拔起码要 43269.23 米，扎门乌德特的海拔我们不清楚，但是蒙古国的平均海拔是 1.6 公里，那么，这所海景房怎么也得建 41.67 公里高。哦，平流层的高度是 10—50 公里……"

小魔女说好像是珠穆朗玛峰海拔的 5 倍多哦。

门墩儿一脸无语地说这是在哪里看到的购房广告啊？这不是骗人吗？且不说海景房要建多高，这蒙古国一个内陆国，哪来的海军上将啊[①]？

小魔女说："我妈妈来中国半年多，认识了很多新朋友，还加了好多微信群呢，这个好像是前几天微信群里面的一个投资宣传，我妈妈有点心动，说等我爸爸在外地录完节目回来就和他商量……"

---

　　① 　这里要向各位小读者介绍一个冷知识，蒙古国虽然是内陆国，却有一支海军，只不过规模极小，编制只有 7 人，最高军衔为海军少尉，网友将其戏称"王下七武海"，旗舰为库苏古尔湖上的拖船"苏赫巴托尔"号。

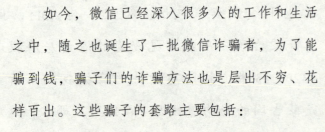

检察官提示

如今，微信已经深入很多人的工作和生活之中，随之也诞生了一批微信诈骗者，为了能骗到钱，骗子们的诈骗方法也是层出不穷、花样百出。这些骗子的套路主要包括：

一、伪装诈骗。骗子一般都在朋友圈中发布各种旅游风景、奢侈品、豪车等照片，通过"附近的人／摇一摇"等渠道伪装成高富帅或白富美，与受害者搭讪，首先骗取感情的信任，进而以借钱、商业资金紧张、手术等为由骗取钱财。

二、代购诈骗。骗子一般会以"低价代购""海外代购"为诱饵，待付款后，骗子再以"商品被海关扣下，要加缴关税"等类似理由，让受害者加付"关税"，等受害者付钱后，骗子消失了，钱、货也没了。

三、虚假销售。此类骗局往往打着免费领取礼物的旗号，大家只需支付一点儿"邮费"，就可以获得似乎价值高昂的礼物。实质上是骗子利用微信朋友圈打着"产品试用"的幌子做的虚假销售的勾当。骗子以收件人支付货物运费的名义骗取货款，受害者在不明真相的情况下，将"货款"当成"快递费"，上了骗子的当。

四、假公众账号诈骗。骗子会在微信平台上取类似"××官方"或取相似字的公众账号名称，让人误以为这是官方的微信发布账号，然后再进行诈骗。

这种情况下，请各位小读者了解并向亲人、朋友科普该如何防范这些骗子账号。**首先，微信要开启"加好友时验证"功能；其次，关闭"允许陌生人查看朋友圈"；再次，不要在朋友圈、微信群内发布任何个人信息，如个人联系方式、身份信息、家庭工作信息、家人照片等，谨防个人信息泄露，被骗子见缝插针；最后，可以通过微信扫描关注"12321"即"12321网络不良与垃圾信息举报受理中心"，然后就可以通**

过微信举报各种诈骗信息。

"12321 网络不良与垃圾信息举报受理中心"为中国互联网协会受工业和信息化部委托而设立的举报受理机构。中心负责协助工业和信息化部承担关于互联网、移动电话网、固定电话网等各种形式信息通信网络及电信业务中不良与垃圾信息内容的举报受理、调查分析以及查处工作。受理范围为网上各类不良与垃圾信息，包括垃圾短信、骚扰电话、垃圾邮件、钓鱼、色情等不良网站，不良 App，个人信息泄露等。

小魔女说："我今天回去一定要提醒妈妈别上当。唉，要是我爸爸在家就好了，他见多识广，博闻强识，不会上这种当的。不过阎殿你的数学真好，一会儿就算出蒙古国海景房有多高了，这么高的房子，都能和海市蜃楼一样高了，就叫海市蜃楼景观房好了。"

大伙儿一听，得，这不还是简称海景房吗？

　　时光飞逝，转眼就要到"十一"长假了，但放假前，蓓蕾中学还有个传统的校园节日——国庆文艺汇演，固定于每年九月底在学校的大礼堂进行，每个班级都会选派若干节目参加，形式多种多样。虽然同学们的表演稍显稚嫩，但是大家都很投入，全体同学也都会到场作为观众，气氛非常热烈，简直就是长假前的一次嘉年华。

　　中午，郑老师坐在办公桌前，看着初三（二）班同学踊跃报上来的参加汇演的节目，微微点头，心想同学们的集体荣誉感很强，学校集体活动从来没有拖过后腿，再看小魔女和门墩儿俩人也合报了一个节目，节目名字后面还写着"（请老师保密）"，郑老师差点笑出声来，心想这些小鬼头们花样儿还真不少。

　　与此同时，在校园一角，小灵通正跟门墩儿软磨硬泡呢。因为他也听说了小魔女和门墩儿合报了一个节目，他隐约猜到了之前那次所谓的"请教养金鱼"事件大概就跟这个节目有关系，于是好奇心驱使他向门墩儿再次打听起节目的内容来。

　　门墩儿一脸苦笑地说："我告诉过你我已经答应小魔女保密了，不过马上就要汇演了，可以透露给你节目形式就是唱歌＋伴奏＋合唱，我负责部分伴奏和合唱，大部分都是以她为主。"小灵通一脸惊讶地说："没看出来你还有这么多音乐细胞呢，拿啥伴奏？看你那天的手势，是箫或者笛子吧？"

　　门墩儿不置可否，说："当初她邀请我帮忙伴奏时，我也不知深浅，就一口答应了，心想我反正以前学过笛子。结果那天试着一吹，我就发现真的很难啊，可是已经答应人家了，只好硬着头皮学……"

　　小灵通接着问，那天周五晚上你俩一起出门，就是去请教那种乐器吧？

门墩儿点头："国内没几个人会这种乐器的，正好小魔女妈妈的一个朋友那时在北京访问，她是个音乐家，极为擅长这种乐器，于是我俩就登门请教。有了她的各种指点，我才多少开了窍。"

小灵通问到底啥乐器啊？这么神秘？

门墩儿顾左右而言他，说："反正我学得挺笨的，进步很慢，为这跟小魔女还吵了几次架，最后吵急眼了，她还骂我像一头狗熊。切，她还好意思说我，也不瞧瞧她自己，长得黑成那样，晚上打车都不用给钱的，下了出租车撒腿就跑，司机师傅根本看不见她。小灵通，咱俩是好哥儿们，你凭良心说，我长得像狗熊吗？"

小灵通忍着笑，回道："话可不能这么说，起码狗熊不长青春痘吧？"

门墩儿听这话不对劲，脸色一红，正要捶小灵通几拳，却见小魔女等几个女孩正叽叽喳喳地往这边走过来。只听格格说道："龚爱佳，你还真挺能保密的，全班节目就不知道你和孟家栋表演的是什么？不会又是朗诵散文吧？"

小魔女好奇地问："为什么阁殿这么说呢？"

原来那是去年国庆文艺汇演时发生的事情。门墩儿自告奋勇地报了一个节目：散文朗诵，高尔基《海燕》中的部分段落。这个节目是文艺汇演的开场节目，结果门墩儿排练时挺正常的，一上台面对下面黑压压的全校老师和同学，就有点紧张，一紧张就彻底露怯了——"下面，我要朗诵的是：苏联著名作家高尔夫的《海燕》。"

下面观看节目的各位领导、老师、同学听得是满脸黑线。一看下面各位表情不对，门墩儿更紧张了。小灵通在幕后急得直跺脚，赶紧小声向门墩儿提词儿："念错了，是基……基……"

门墩儿恍然大悟："哦，对不起，各位观众。下面，我要朗诵的是：苏联著名作家高尔夫的《海鸡》……"

第十四章

文艺汇演

小魔女笑得腰都直不起来了，却猛然看见对面站着门墩儿，只见门墩儿一张脸臊得是红里透紫，快跟茄子一个色了。

　　格格看到门墩儿，吐了吐舌头，心说好惨，怎么说曹操曹操到。还好格格反应挺快，赶紧咳嗽两声，清清嗓子："孟家栋同学，你刚才啥都没听到对吧？……咳咳，其实我是有个好消息要宣布，这次国庆汇演初三（四）班提了个建议，特别棒，特别活跃气氛。"

　　竹子和小魔女连忙附和着问是啥建议啊？

　　格格说就是像很多电视综艺节目那样，撒上漫天的彩虹粉啊，就是彩色的玉米粉，无毒无害，撒身上一洗就干净，无污染。同学们走进礼堂时一人发一包，等全部节目结束时，一、二、三，大家一起把彩虹粉撒上天，各种颜色，哇，好美啊。说着说着，几个女孩眼中几乎冒出一串串星星来。

却见小灵通一脸无语地说："你们是打算让咱们学校上新闻联播吗？"

检察官提示

从科学的角度来说，任何粉尘，包括金属、煤炭、农副产品、饲料、粮食、林产品的粉尘，甚至水泥和石英粉尘等，只要满足三个前提条件，都可以爆炸。一是粉尘以适当的浓度在空气中悬浮，形成粉尘云；二是有充足的空气和氧化剂；三是有火源或者强烈振动与摩擦导致的火花。

当然，粉尘爆炸的难易也与各种条件有关。例如，**燃烧热越大的物质越容易爆炸，如煤尘、硫磺等；氧化速度快的物质容易爆炸，如镁粉、铝粉、氧化亚铁、染料等；容易带**

电的粉尘也很容易引起爆炸，如合成树脂粉末、纤维类粉尘、淀粉等。但是，**化学性质比较稳定的物质的粉尘就相对不容易爆炸，**如土、沙、氧化铁、研磨材料、水泥的粉尘等。

玉米粉属于易爆品，当温度大于270摄氏度时，玉米粉的爆炸下限为每立方米45克。可见，当玉米粉的浓度达到或者超过了这一限度，且现场出现明火（可以看见的火或火花）导致温度超过270摄氏度，就会引发玉米粉爆炸。

本章中蓓蕾中学的礼堂是密闭的室内，玉米粉很容易超过这个浓度，文艺汇演又会使用多种电器，万一有电火花发生，后果确实堪忧。所以如果要参加类似活动的话，小读者们切记安全第一。

法条链接

《中华人民共和国未成年人保护法》

第三十五条　学校、幼儿园应当建立安全管理制度，对未成年人进行安全教育，完善安保设施、配备安保人员，保障未成年人在校、在园期间的人身和财产安全。

学校、幼儿园不得在危及未成年人人身安全、身心健康的校舍和其他设施、场所中进行教育教学活动。

学校、幼儿园安排未成年人参加文化娱乐、社会实践等集体活动，应当保护未成年人的身心健康，防止发生人身伤害事故。

小灵通说："这种抛撒大量粉尘的节目，要么在通风良好的室外，要么在室内严格控制用量，你们可以去网上搜索一下，封闭的室内这么玩，造成爆炸事故的多了去了。前段时间有个地方的水上乐园举行了一个"彩色派对"，现场有一万多人，还是在露天呢，但是玉米粉浓度实在太高，就这么炸了，爆炸中心五百多人身上起了火，保安用消防水管放水冲他们帮助灭火，现场可惨了。"

几个女孩吓得脸都绿了，说要赶紧向郑老师汇报。小灵通说其实咱们可以提建议，改成抛撒彩色纸条，就是那种婚礼现场常用的、亮闪闪的那种，视觉效果差不多，而且成本更低更安全。格格点头称是，随即找郑老师去了。

三天后，就是万众期待的文艺汇演了。同学们表演的节目精彩纷呈，台下热烈的掌声不断。演出渐至高潮，只听主持人说道，下一个节目非常有意义，这是我校国庆文艺汇演历史上第一次由外国同学登台献艺……

　　说到这里，现场的同学都知道是初三（二）班的小魔女了，谁让她"威名远播"呢？然而看到礼堂大屏幕上面显示出来的歌词，大家都愣了一下，然后是山呼海啸般的掌声——原来是诗仙李白的《短歌行》①。大家还是第一次这么近距离地见到古诗词登上舞台，还是由一位倾慕中国文化的国际友人演唱，心说以往汇演同学们表演的节目，虽然很精彩，但是好多都是耳熟能详的歌曲，缺少新鲜感，今天真是有幸，能听到原创的歌曲。

―――――――――

　　①　这首诗的大意是：白天何其短暂，百年光阴很快飞逝。苍穹浩渺无际，万劫之世实在太长。就连以长寿著称的仙女麻姑，头发也白了一半。天公和玉女玩投壶的游戏，每中一次即开怀大笑，也笑了千亿次。我想将拉着太阳车前进的六条巨龙揽住，转车东回，挂于扶桑神树之上。用北斗酌满美酒，劝每条龙都饮下一觞，使六龙沉睡不醒，不能再驾太阳车出发。富贵荣华非我所愿，只愿像这样为人们留住时光。
　　李白的这首诗，以乐观浪漫、昂扬奋发的精神，在喟叹生命短促的同时，表达了对人生的珍惜，对建功立业的渴望。另，本诗的第三、四句本为"苍穹浩茫茫，万劫太极长"。第七、八句本为"天公见玉女，大笑亿千场"。为适合演唱的需要，对书中人物做了适当改编。

只见小魔女抱着一面琵琶，缓缓从幕后走出，同学们又是一阵掌声。她为今天的演出做了精心的准备，身着一身唐服，襦裙齐胸，交领右衽，做工精细，显然是她妈妈的杰作，头上挽了双环发髻，额上贴了花钿，一眼望去，活生生是位从画中走出的唐代仕女。除了她手中的琵琶，还有两位同学抬出一架看起来像电子琴似的乐器，有懂行的同学说这是电子键盘，用于电音配乐用的，小魔女今天不会唱电音吧？正说话间，只见门墩儿也从幕后走出，手里拿着一根像是箫的乐器，细看却不是，只有五孔。

小魔女首先简单介绍了自己对中国文化，特别是对李白诗词的热爱，说自己今天要用古风和现代电音分别演绎李白的《短歌行》。接下来她介绍了门墩儿手中的陌生乐器，原来，这是"尺八"。

尺八，通长一尺八寸（唐制合54厘米），古制五孔（前四后一）。原为吴地竹管乐器，唐朝风行，后经遣唐使传至东瀛列岛。因其音苍郁萧瑟，多有杀伐之气，两宋以来愈为文人不喜，多以柔音筒箫代之，遂没落。日本却将之发扬光大，可谓"墙里开花墙外香"。既然今天要演绎李白的名作，自然要用唐时古乐器。

小灵通心中由衷地赞叹道自己的发小真有毅力，就那么一点可怜的吹笛子的底子，硬是把这种中国已经接近失传的乐器给学会了一首曲子，实在是佩服至极。

在同学们热烈的掌声中，小魔女轻启朱唇，清脆的嗓音如新莺出谷，乳燕归巢：

"白日何短短，百年苦易满。

苍穹浩浩，万劫茫茫，太长。

麻姑垂两鬓，一半已成霜。

不若天公见玉女，大笑亿千场。

吾欲揽六龙，回车挂扶桑。

北斗酌美酒，劝龙饮一觞。

富贵非所愿，与人驻颜光。"

门墩儿的尺八相和之声却是苍凉沉郁，与小魔女宛如花坞春晓、鹂鸟交鸣的嗓音相配合，别有一番韵味，现场的听众都不觉听得痴了。

却见一遍歌罢，小魔女放下琵琶，走到电子键盘前，跳荡的音符不断从指尖涌出，歌声再次响起，却换成了不折不扣的电音。

同学们一片尖叫，高呼"电音李白"！

只听小魔女的声音高亢入云，仿似一线钢丝直入云霄，抛入天际，又似新年漫天的烟火，一粒火光上天，随即化作万千道绚丽的火花，纵横散落。全场听众暗自叫绝，手都拍得疼了。

曾经被小魔女改的《赠汪伦》把阑尾炎手术刀口乐开线的语文老师[1]也在鼓掌，不住地赞叹道："昆山玉碎凤凰叫，芙蓉泣露香兰笑。"[2]

门墩儿也放下手中的尺八，用他浑厚的嗓音加入了伴唱，跟唱的同学越来越多，终于变成了全场

---

[1] 详见本系列丛书《小魔女的汤》。
[2] 出自唐·李贺《李凭箜篌引》，形容乐声之美妙绮丽。

的大合唱：

"吾欲揽六龙，回车挂扶桑。

北斗酌美酒，劝龙饮一觞。

富贵非所愿，与人驻颜光。"

一曲歌罢，同学们觉得光鼓掌实在是不过瘾，纷纷掏出口袋中的彩条向空中抛去——本来这是为散场前的高潮准备的，如今已是顾不得了——只见掌声与欢笑齐飞，彩屑共颜光一色，演出气氛达到了最高潮。

台上小魔女与门墩儿激动地拥抱在一起，为了这个精彩节目的策划、演出付出了无数辛劳和汗水的两个人，笑得像花儿一样灿烂。

国庆假期很快就过去了，恢复上学的第一天，郑老师上完课回到办公室，正用手揉着太阳穴，只听芈汉杰敲响了门，向她递来一张请假条。

芈汉杰在火车上不看牌面出牌，赢了几个骗子的故事，在同学们之间早就传开了。有广播这个"小喇叭"，还能传得慢了？郑老师自然不免对这个学生高看一眼。芈汉杰自从来班级学习，请假并不多，因为中国围棋甲级联赛一般是周末比赛，他周五放学了坐飞机去参赛，周日回来正好不耽误周一上学。至于训练、打谱，他都利用课余时间进行了，虽然有时上课神游天外，手里比比划划，想象着下步棋应该怎么走。任课老师知道他的特殊情况，也不为难他。当然芈汉杰确实厉害，平时从来不复习，测验、考试随随便便就是八九十分。用芈浩然的话说，他哥学初中这些课程不过使出半分力气而已，因为这些对他来说实在是太简单了。

今天他居然来递请假条，一请就是半个月的假，这可比较稀奇。郑老师一看请假理由"参加'应氏杯'决赛"，随口问道："你们棋院还有观摩高手对决的任务啊？"芈汉杰说："那倒不必，这种重大比赛，我们看现场直播就是，看完了我们一般就在外面复盘，讨论这局棋的局面、下法和自己的对策。"郑老师问那怎么这回改去现场参观了？毕汉杰嘻嘻一笑："郑老师，决赛我不能不去，决赛是我对阵金诚植。"

郑老师一脸惊讶地抬头看着毕汉杰，她一点不懂围棋，但是中国人但凡对围棋有些许了解的，哪有没听说过"应氏杯"大名的？"应氏杯"全称是"应氏杯世界职业围棋锦标赛"，由中国台湾地区实业家应昌期老先生于 1987 年创办的世界职业围棋个人大赛。首届比赛始于 1988 年，每四年进行一届，是冠军奖金最高的世界职业围棋赛事，有"围棋奥运会"的美誉。1987 年，中国棋圣聂卫平如日中天，中国青少年掀起了学习围棋的热潮，围棋正逐渐回归诞生它的这块古老而神奇的土地。应老先生顺应历史潮流，创办了"应氏杯"比赛，本来是想借此机会，让聂棋圣一统围棋江湖，不料韩国围棋异军突起，韩国国手曹薰铉 3∶2 击败聂棋圣登顶，成为我国围棋界的一大遗憾。

从此，"韩流"刮遍世界围棋界，中日被打压得透不过气，"石佛"李昌镐成为压在中日围棋国手头上十几年的大山，其他韩国棋手也是人才辈出，四处出击，包揽了近十年围棋世界冠军中的绝大部分。直到常昊、古力崛起，中国围棋方才有了与韩国抗衡的资本。常昊于2005年夺得第五届"应氏杯"冠军，这是中国棋手首度将冠军留在中国，完成了创办人应昌期老先生的遗愿。近年来中国年轻棋手强势崛起，在世界大赛上纷纷取得优异的成绩，让韩国人感到芒刺在背。

本届"应氏杯"共有二十四位顶级棋手参赛，芈汉杰是作为非种子选手，通过国内选拔赛一路过关斩将，杀入正赛的。比赛中他超常发挥，将他在国内联赛磨炼的凶悍棋风发挥到极致，连克强敌，闯入决赛。对手就是韩国李昌镐之后公认最优秀的棋手，手握十四个世界冠军的金诚植。金诚植属于典型的力战型棋风，善于敏锐地抓住对手的弱处主动出击，以强大的力量击垮对手，他的攻击可以用"稳，准，狠"来形容，经常能在劣势下完成逆转。

得知芈汉杰这位名不见经传的新秀杀入决赛，韩国媒体一片欢呼，认为这个世界冠军已经是韩国的囊中之物。芈汉杰却不这么认为，取得决赛资格后，就悠闲地领着弟弟和弟弟的一帮同学去山海关饱览风景了，回家途中还打了局"盲"扑克。这段时间他除了参加联赛保持状态，其他时间也没闲着，上课都在钻研金诚植的棋谱，寻找他的弱点。

郑老师听芈汉杰介绍完，恍然大悟，说我们班可真是卧虎藏龙啊，这还藏着一位绝世高手哪。芈汉杰说："郑老师您过奖了，我还年轻，参加世界大赛以学习、积累经验为主，不过要是把这个世界冠军'学习'过来，也就是顺手的事，二十岁前不成国手，终生无望——这么说，您答应这次长假了？"

郑老师连忙点头，问他什么时候出发。芈汉杰说："我这几天回棋院做备战训练，周末才出发去赛场，不过这几天备战训练很重要，因此就不能上课了。"

很快这个消息就传遍了班级，同学们瞬间炸了营，已经有女孩找芈汉杰要签名了。这倒没什么，问题是教导主任听到了这个消息，赶紧来跟郑老师商量——学校准备给芈汉杰开个誓师大会，顺便请他做个演讲，激励下同学们。

郑老师推辞说芈汉杰这几天备战训练，不能被打扰。教导主任说："这个没关系，我来打电话，他毕竟还是咱们学校的学生嘛，学校这也是为了激励他和同学们。"

芈汉杰接到电话，答应得挺爽快，因为他周五下午也没什么事情，可以在去机场前来学校一趟。不过他希望学校能来个同学提醒他一下，因为这几天他太投入，怕到时忘了。格格作为班长，照例承担了这个任务，周五中午下课就去了中国棋院。可是会场上领导和同学们等了好久，也不见他露面。

　　小灵通小声地问竹子，不会是芈汉杰这家伙忘了吧？竹子说不会，有格格呢。可是大家又等了半天，这时格格打来电话——芈汉杰出事了。

第十五章

棋王凱旋

原来格格与芈汉杰见了面，简单吃了点午饭就往学校赶。路过一个路口的人行横道时，一辆飞快的电动车从旁边猛冲过来，芈汉杰见势不妙，一把推开了格格，自己却被撞飞出去。骑电动车的是个外国人，后座上还坐着一个女孩，看样子是他的女朋友，两个人一看撞了人，想也不想，扶起电动车就要离开。这时格格冲上前去，一把抓住了他们的电动车的车座。"你俩也太没有公德心了吧？撞了人也不救人，拔腿就跑。"

　　这时芈汉杰捂着右臂，龇牙咧嘴地爬起来，浑身是土。格格着急地问："你没事吧？脑袋撞到没有？"毕汉杰苦笑着说："脑袋倒没事，就是胳膊抬不起来，只能跟赵治勋[1]一样去比赛了。"

这时，两个肇事者还想跑，格格死死地抓住电动车。见格格执意阻拦，那个外国人便讲出一些污言秽语，甚至还想要动手。这时交警赶到了现场，两个肇事者顿时失去了威风，乖乖地被带走了。几天后，市公安局微博发出了消息，这位外国人是无证驾驶无牌电动车、载人逆行，更让人意外的是，这位外国人和他父亲属于未经批准，在中国非法就业，因此依法被拘留 7 日，非法就业拘留 5 日，处罚后将被遣送出境。

---

① 赵治勋（1956—），著名韩国旅日超一流围棋棋手，在围棋强国日本获得 70 余次冠军，成为获日本棋战头衔次数最多的棋手。1986 年，他因交通意外事故，只能坐轮椅参加"棋圣"战决赛，其顽强不屈的精神让人叹服。

检察官提示

随着我国国际交往的加强，在我国工作、生活的外国人数量越来越多。我国法律规定，对在华外国人实施国民待遇，又称平等待遇，是指中国给予外国人与中国公民享有的同等的民事权利地位。

在华外国人应遵守中国法律法规。**中国将依法保护在华外国人的合法权益，为他们在华工作、生活提供良好的安全保障。同时，中国将对在华外国人依法进行管理，对不法行为依法予以查处**，确保我国社会治安秩序良好。

本章中，外国人在撞人后不但不救助，还出言不逊，违反了我国法律规定，必然会受到我国法律的制裁。

法条链接

《中华人民共和国出境入境管理法》

第三条　国家保护中国公民出境入境合法权益。

在中国境内的外国人的合法权益受法律保护。在中国境内的外国人应当遵守中国法律，不得危害中国国家安全、损害社会公共利益、破坏社会公共秩序。

竹子说芈汉杰右胳膊尺骨鹰嘴骨折，现在吊着石膏呢，右手都没法拿棋子了，会不会影响他竞技状态啊？

小灵通说："他伤得这么重，毅然决定带伤参加决赛，我觉得有了这种精神，不管决赛结果如何，他都是我们心目中的棋王。"

接下来几天，初三（二）班被一种奇怪的氛围笼罩着。同学们担心芈汉杰的比赛，他是吊着石膏参赛的，第一场就因为状态不佳，中盘认负了。第二场他让医生为他打了封闭，这样就不会感觉到刺骨的疼痛，终于以半目的优势险胜，扳回一局。第三场他"治孤"① 计算失误，再负一局，1∶2落后，已经到了悬崖边上，再输一局，他就与冠军无缘了。

小魔女这两天状态也很奇怪，明显有点心不在焉，失去了往日的活泼，话也少了很多。

这天下午，同学们听到新闻说毕汉杰第四场力挽狂澜，把比分扳成2∶2的时候，教室里爆发出一片欢呼。就在小灵通几个围成一圈纷纷讨论接下来的决胜局毕汉杰胜算几何时，小魔女默默地走到了他们面前。

"什么？你要回日本了？"大家几乎不敢相信自己的耳朵。

小魔女淡然一笑，说："爸爸的官司了结了，他以后在日本不会再有坏人的骚扰。他和妈妈的事业都在日本，而且妈妈也不太习惯这里的环境和饮

---

① 围棋术语，把孤子救活。

食。我们，终究是要回去的。"

长久的沉默，几个女孩眼圈红了。

小魔女深吸一口气，说："不过，我们一定还会再见面的。因为我最终还是要回到中国这片土地上，当然，那是几年以后的事情了。"

大家很是奇怪，问道："为什么你以后还会回来呢？"

只听小魔女用轻轻的，但是坚定无比的声音说："因为我父亲的根，我的根，都在这片古老的土地上。因为我是一个——中国人。"

大家没有一点心理准备，彻底呆住了。

原来小魔女确实是中国国籍，她爸爸是中国人，按照中国国籍法的规定，不管她出生在哪里，都是可以取得中国国籍的。她爸爸虽然是个旅日华侨，但是爱国的心却始终没变，在她出生后不久，便为她回国办理了户籍。从这个角度来说，小魔女和门墩儿、小灵通他们还是邻居呢。当然，这会带来很多不便，因此她爸爸计划让她上大学后回国发展，毕竟中国经济发展势头让世人注目。

　　之所以以前她从未向同学们提起这一点，以至所有人都以为她是个不折不扣的外国友人，就是因为她想看看自己能不能融入这个班集体，而且班级同学会不会因为她的日本身份而对她有所歧视或者敌视。当然，现在她已经找到满意的答案了。

检察官提示

　　国籍是指一个人属于某一个国家的国民或公民的法律资格，表明一个人同一个特定国家间的固定的法律联系，是国家行使属人管辖权和外交保护权的法律依据。

　　我国《国籍法》在出生国籍上采用血统主义和出生地主义相结合的原则。即父母双方或一方为中国公民，本人出生在中国，具有中国国籍；如果父母双方或一方为中国公民，本人出生在外国，仍然具有中国国籍（小魔女就是属于这种情况）；除非父母双方或一方为中国公民并定居在外国，本人出生时即具有外国国籍的，才不具有中国国籍。另外，出于人道主义考虑，我国还规定，父母无国籍或国籍不明，定居在中国，本人出生在中国，具有中国国籍。

我国《国籍法》的另一个重要原则是不承认中国公民具有双重国籍：凡定居外国的中国公民，自愿加入或取得外国国籍的，即自动丧失中国国籍；被批准加入中国国籍的，不得再保留外国国籍。

法条
链接

《中华人民共和国国籍法》

第五条 父母双方或一方为中国公民，本人出生在外国，具有中国国籍；但父母双方或一方为中国公民并定居在外国，本人出生时即具有外国国籍的，不具有中国国籍。

"所以，我终究会回来的。感谢吉祥天^①保佑，我在中国短短半年多的生活中，能够认识你们这些好朋友。我的转校手续已经办完了，后天也就是周六我就跟爸爸妈妈回国了，你们能来机场送送我吗？"她脸上在笑，眼泪却不听话地流下来。

周六上午，机场。

郑老师也来了，向小魔女的爸爸妈妈道别。小灵通、竹子、门墩儿、格格几个人眼圈和小魔女一样，都是红红的。就在父母领着小魔女向检票口走去的时候，她却突然飞身跑回来，一把抱住他们几个："今日一别，不知何日才能再见到你们，我再

---

　　①　日本七福神（大黑天、惠比寿、毗沙门天、弁财天、福禄寿、布袋和尚、吉祥天）之一。小魔女毕竟是在日本长大的，受日本文化影响很深。

给你们唱一首李白的词，好吗？"大家一边擦着眼泪，一边点头。

"长相思，在长安。

络纬秋啼金井阑，

微霜凄凄簟色寒，

昔时横波目，

今作流泪泉。

不信妾肠断，

归来看取明镜前。"

在大家模糊的泪眼中，小魔女一步三回头地走入了检票口，大家看得真切，一串串晶莹的泪珠从她脸上滑落。

大家目送着小魔女的航班起飞，正要离去，却见机场大屏幕上滚动播出了一条重磅新闻：芈汉杰最后一局在形势一度非常危急的情况下，依靠顽强的"治孤"和精妙的官子完成逆转，执黑最终以5目优势大胜金诚植，从而以3:2击败对手，夺得"应氏杯"冠军。

　　他初次参加世界棋战就夺冠，成为中国最年轻的九段棋手，年仅 16 岁零 202 天。而且，他也是中国最年轻的围棋世界冠军，将这一纪录突破了 3 年零 9 个月。[①]

　　大家纷纷为这位顽强不屈的天才同学鼓掌。这时郑老师的手机响了，听完那边的话，她的手机掉到了地上，摔得四分五裂。同学们吃惊地看着她，小灵通似乎意识到了什么，一把死死地抓住了她的手。

　　市郊，戒毒所。

　　叔叔穿着病号服，脸色苍白，时不时的毒瘾发作给他带来了巨大痛苦。

---

　　①　芈汉杰 16 岁即夺得世界围棋大赛的冠军，并非作者夸张或者杜撰。他是作者综合了我国围棋国手范廷钰、范蕴若、芈昱廷、柯洁等人的事迹所塑造的人物形象。

在他对面，爸爸、妈妈、郑老师、小灵通泪眼婆娑。

叔叔的领导安慰他们："马千里是个好同志，是我们的英雄，我们一定会全力帮助他戒除毒瘾。一年后，我就还你们一个完好无损的马千里。"

小灵通一把抓住叔叔瘦弱的手，哑声问道："值得吗？"

"但得众生皆得饱，不辞羸病卧残阳。"叔叔眼神依然是那么坚定有力。

好了，亲爱的小读者们，本书再次告一段落，叔叔为什么会染上毒瘾？小灵通他们升入高中后，还会有哪些精彩的故事呢？让我们继续期待后面的系列。